Herausgeber Harald Rempt

ULRIKE PATOW

Russisch, bitte!

Ein russischer Sprachkurs für Anfänger
Begleit-Lehrbuch zur Fernsehsprachsendung
MultiMedial

Band 1
zu den Sendungen 1-15

Harald Rempt, rara-avis-verlag
Hersbruck

ISBN 978-3-926292-41-4

Dieses Begleitbuch zur gleichnamigen Fernsprachsendung Russisch, bitte!, Band 1, (Folgen 1-15) wurde in Erstauflage 1991 mit insgesamt 30 Folgen in 2 Bänden vom Verlag Langenscheidt herausgebracht. Der Fernsehsprachkurs wurde vom Norddeutschen Rundfunk, Redaktion Dr. Gerhard Vogel, auf der Grundlage einer Serie der YLE (Finnisches Fernsehen) produziert. Die Sendungen werden heute immer noch zyklisch u.a. vom Bildungssender BR-ALPHA des Bayerischen Fernsehens ausgestrahlt.

Autorin: **Ulrike Patow**, Herausgeber: **Harald Rempt**
Russisch, bitte!, Band 1, (Folgen 1-15)
Begleit-Lehrbuch zur Fernsehsprachsendung.
Ein multimedialer Fernsehlehrgang für Anfänger ohne Vorkenntnisse.

Russisch, bitte!, Band 1, August 2015,
rara-avis-Verlag, Hersbruck
Umschlaggestaltung: Harald Rempt,
Titelfoto und Fotos wurden von Otava Publishing Company zur Verfügung gestellt. Illustrationen: Barbara Köhler. Im schwarz-weiß-Druck

Harald Rempt, rara-avis-verlag, **Hersbruck**
Höhenweg 30, D-91217 Hersbruck
harald.rempt@t-online.de   http://rara-avis-verlag.npage.de

Bestellungen per E-Mail an Harald Rempt:
harald.rempt@t-online.de
Eichelgasse 11, D-91217 Hersbruck

Druck: COS Druck & Verlag, Houbirgstraße 20
                D-91217 Hersbruck, Telefon: 09151- 83 33 0
                www.cos-druck.de   info@cos-druck.de

Buchbindung: MARTIN DRUCKVERARBEITUNG
                Vogelherd 2, 91236 Alfeld, Telefon 09157 - 9296-0
                info@martin-druckverarbeitung.de

ISBN 978-3-926292-41-4

Copyright ©
Alle Rechte der Wiedergabe, auch auszugsweise und in jeder Form, liegen beim Herausgeber. Mit dem Erwerb des Buches verpflichtet sich der Eigentümer keine Vervielfältigungen, Fotokopien, Übersetzungen, Mikroverfilmungen oder elektronische und optische Speicherungen und Verarbeitungen ohne schriftliche Genehmigung durch den Verlag anzufertigen. Er hat auch dafür Sorge zu tragen, dass dies nicht durch Dritte geschieht. Erlaubt sind Kopien für den persönlichen Eigenbedarf.

VORWORT des Herausgebers

Liebe Leserinnen und Leser,
Willkommen zum russischen Fernsehsprachkurs für Anfänger ohne Vorkenntnisse. Mit diesem Begleit-Lehrbuch, **Russisch, bitte!, Band 1**, mit **15 Folgen** des insgesamt 30-teiligen Kurses beginnt der **multimedialen** Russischsprachkurs zur gleichnamigen Fernsehsprachsendung. Sie haben die Möglichkeit in einem halben Jahr die Basis der russischen Sprache zu erlernen, so dass Sie sich gut verständigen können.

...Damals – vor ca. 10 Jahren – hatte ich als Lehrer und Trainer öfter russische Gruppen zu einer technischen Aus- und Fortbildung. Ich sprach kein russisch, deshalb hatte ich Elena, die russische Übersetzerin. Ich versuchte insbesondere die Mimik und Gestik, also die nonverbalen Rückmeldungen zu erkennen, wenn ich etwas vermittelt hatte und so zu erfahren, ob der Stoff verstanden wurde. In den ersten Minuten war es sehr schwer das „Eis" zu brechen, wie mit gefrorenen Minen und fast bewegungslos saßen mir die „Schüler" gegenüber und ich war unsicher in meinem Verhalten. Doch ich lernte dazu. Ich beschäftigte mich mit der Kultur und hatte gute Vorgespräche mit Elena, um zu verstehen. Dann lernte ich einige russische Worte, wie Guten Tag, danke, bitte und einige Lobeskonstruktionen. Sofort änderte sich die Situation und meine empfundenen Kälte wich – Engagement und leidenschaftlich – herzliche Diskussionen entstanden mit viel Bewegung. Es sprach sich herum und ich bekam Geschenke, die mir aufs herzlichste überreicht wurden. Zum Mittagessen besorgte ich Brot und Salz das dazu gegessen wurde und ich nahm Teil an der russischen Kultur ... und Sie konnten ausgiebig und fröhlich feiern bis sich der Tisch bog und es flossen Getränke in Strömen. Ich konnte so auch Gast bei unseren Gästen werden und sie luden herzlichst ein, was den Lerntransfer am anderen Tag derart förderte.

Aufbau und Sprachkonzept des Buches folgen analog den Sprachtexten der Fernsehsendung. Jede Lektion enthält den Stoff einer Fernsehfolge: die **russischen Dialoge** mit deutscher **Übersetzung** und die **Vokabeln**. Schwierige russische **Verben** werden besonders einprägsam in Kästen mit Beispielen dargestellt. Außerdem gibt es ausführliche Erklärungen zur **Grammatik**, **Redewendungen** und unterhaltsame **Übungen** mit **Lösungsschlüssel**. Außerdem erlernen Sie in diesem Band das **kyrillische Alphabet** und die **russische Schreibschrift**. Es sind viele **Verständnis-** und **Einpräghilfen** eingebaut, so, dass Sie auch schnell Erfolgserlebnisse haben. Die Fotos, Zeichnungen und Illustrationen lockern das Buch humorvoll auf. Insbesondere laden die abwechslungsreichen Übungen, Rätsel, Piktogramme und Bildgeschichten zur Mitarbeit ein. Es soll ja auch Spaß machen.
Die **Fernsehsendung** ist parallel dazu hilfreich das Sprach- und Hörverständnis mit der entsprechenden Betonung und der Klangfarben zu unterstützen, sowie die Körpersprache zu den Texten zu erfassen.

Das **Cassetten-Zeichen** ist an den Stellen des Buches, an welchen der Text auch auf der Audio (Hör)-CD zu hören ist. Statt der Cassetten gibt es nun Audio-CD's . Diese wurde erstellt, um das Hörverständnis zu schulen, bzw. den Text während einer Autofahrt hören zu können. Die CD's gibt es nur bei mir, schreiben Sie mir einfach eine E-Mail.

Die Begleitbücher sind zwar aus dem Jahr 1991, lernpädagogisch ist es jedoch hervorragend geeignet, die russische Sprache mit dem kyrillischen Alphabet mit allen Sinnen nachhaltig in multimedialer Weise in relativ kurzer Zeit zu erlernen. „Der Zwerg (das „Moderne", „Neue") ist deshalb so groß, weil er auf den Schultern des Riesen (das „Alte") sitzt." (Gunther Schmidt)

Durch das **multimediale Lernprinzip** – Lernen mit allen Sinnen:
1. **Begleitbuch**, 2. **TV-Sendung**, 3. **Audio-CD zum Hören** und
4. durch Bildung von regionalen **Übungsgruppen** wird das Lernen zu einem intensiven Sprachbildungsprozess.

Weltsprache Russisch ist die slawische Sprache mit den meisten Sprechern. Sie wird in Russland, den Mitgliedstaaten der GUS und baltischen Staaten, sowie von Emigranten in den USA, Israel, Deutschland und weiteren europäischen Ländern gesprochen. Geschätzt: 163,8 Millionen Muttersprachler, 114 Millionen Zweitsprachler. Sie gehört zu den Indogermanischen Sprachen und ist Amtssprache in Russland, Weißrussland, Kasachstan,
Ukraine, Kirgisistan, GUS und den Vereinten Nationen. Die Besonderheit dieser Sprache ist das **kyrillischen Alphabet**.

Russisch hat auch eine ziemlich große Sammlung deutscher Wörter übernommen. Deutsche Einwanderer in 17. Jahrhundert brachten deutsche Wörter mit, die bis heute verwendet werden, wie etwa бутерброд - belegtes Brot, курорт - Kurort, шлагбаум - Schranke, масштаб - Maßstab, шнур - Schnur. Aus dem Deutschen wurden viele Schach- (гросмейстер, эндшпиль), Militär- (аксельбанты, гауптвахта, гаубица, ефрейтор) und Bergbauausdrücke (грунт) übernommen. Die russischen Verben auf -овать entsprechen oft den deutschen auf -ieren фотографировать - fotografieren, und -овать dient oft zur Bildung von Lehnwörtern aus anderen Sprachen.

Wenn Sie mit der **kyrillischen Schrift** vertraut sind, dann kommen Sie mit den russischen Wörtern viel schneller klar, als Sie vielleicht erwarten: КАТАЛОГ, ТЕСТ, СПОРТ, ЛОТТО, ЭЛЕКТРОНИКА, ДИЗАЙН
Sie werden sehr angenehm überrascht sei, wie viele Lehnwörter es im Russischen gibt. Lediglich die Betonung ist bei vielen Fremdwörtern russifiziert
worden, deshalb ist die Aussprache häufig anders als gewohnt:

кино́, вино́, метро́, такси́, кио́ск, хокке́й, спортсме́н, куро́рт, кило́

Die **Betonung** eines Wortes (der Wortakzent) hat im Russischen eine wichtige und häufig eine sinnunterscheidende Bedeutung. Falsch betonte

Wörter können zu Verständnisschwierigkeiten führen. Sie werden auch die Mentalität ganz von selbst mitlernen und die russische Sprachkultur kennen lernen.

Mein **herzlicher Dank** gilt all denjenigen, die dieses russischen Sprach-Bildungsprojekt **"Russisch, bitte!"** ermöglichten. Sie haben mich auf konstruktive Art unterstützt: Avis und Thomas, "Wini", Karin, Elke, Martina, Sipra, Klaus(can), und die **Autorin Ulrike Patow**. Für die Entdeckung des Zitates danke ich Rakhilja Jukova-Kasperowitsch und vielen mehr.

Extra ausdrücklichen Dank an die Mitarbeiterinnen und Mitarbeiter des Langenscheidt-Verlages, die unter Beachtung aller datenschutzrechtlichen Gesetze einen informativen Weg gefunden haben, mir den Kontakt zur Autorin zu ermöglichen.

Danke auch an die Mitarbeiterinnen und Mitarbeiter des Bayerischen Rundfunks, denen es wichtig genug ist, die Sendung immer wieder in **BR-ALPHA** auszustrahlen und mit diesem wertvollen Sprachprojekt, als "lernpädagogischen Klassiker", ihren Teil zur kulturellen, sprachlichen Bildung beisteuern. Vor allem danke ich der Buchautorin Frau **Ulrike Patow**, die ich für Ihre herzliche Offenheit, ihre liebenswürdige Freundlichkeit und fachliche Hilfsbereitschaft schätze. Durch Sie alle können nun viele interessierte Menschen die russische Sprache systematisch mit diesem Begleit-Lehrbuch und der Fernsehsprachsendung lernen.

Ich wünsche Ihnen die richtige Neugier, Zeit und die besten Motive die russische Sprache und Kultur mit Spaß, Freude und einer gewissen Leichtigkeit, um gut lernen zu können und vielleicht können Sie bald einmal eine Reise in eines der russisch sprechende Länder unternehmen. Mit diesem Buch halten Sie eine wertvolle Rarität in Händen.

Я желáю вам счáстья, здорóвья, успéхов и вообщé всегó хорóшего.

Ich wünsche Ihnen Glück, Gesundheit, Erfolg und überhaupt alles Gute.

"Тише едешь - дальше будешь."
"Fährst du langsam, kommst du weiter."
Russisches Zitat

Ernsthaft, humorvoll und informativ - spielerisch und multisensorisch lernen
"So kommt Bildung an!" (HR)

Harald Rempt

Russisch: Russisch, bitte! 30 Lektionen, Für Anfänger

Russisch, bitte! Band 1
Ulrike Patow , Hrsg. Harald Rempt
ISBN: 978-3-926292-41-4

Jede Lektion enthält den Stoff einer Fernsehfolge, die russischen Dialoge mit deutscher Übersetzung und die Vokabeln. Schwierige russische Verben werden besonders einprägsam in Kästen mit Beispielen dargestellt. Außerdem gibt es ausführliche Erklärungen zur Grammatik, Redewendungen und unterhaltsame Übungen mit Lösungsschlüssel. Zusätzlich gibt es eine Einführung in die russische Schreibschrift.

Russisch, bitte! Band 2
Ulrike Patow , Hrsg. Harald Rempt
ISBN: 978-3-926292-42-1

Jede Lektion enthält den Stoff einer Fernsehfolge, die russischen Dialoge mit deutscher Übersetzung und die Vokabeln. Schwierige russische Verben werden besonders einprägsam in Kästen mit Beispielen dargestellt. Außerdem gibt es ausführliche Erklärungen zur Grammatik, Redewendungen und unterhaltsame Übungen mit Lösungsschlüsseln

Vorwort

Dies ist das Begleitbuch zu den Folgen 1 bis 15 des Fernsehkurses „Russisch, bitte!". Dieser Fernsehkurs ist konzipiert für Anfänger ohne Vorkenntnisse. Neben der kyrillischen Schrift werden die wichtigsten Erscheinungen der russischen Grammatik und nützliche Redewendungen vorgestellt und der Wortschatz der Alltagssprache vermittelt. Die im Zug nach Moskau und in Moskau angesiedelten Filmszenen schulen das Hörverständnis und vermitteln gleichzeitig viele Eindrücke und Informationen zum russischen Alltag. So lernt der Zuschauer Schritt für Schritt, sich in typischen Alltagssituationen auf russisch zu verständigen.
Dieses Begleitbuch hilft dem Fernsehzuschauer, die Fernsehfolgen selbständig nach- (oder auch vor-)zubereiten und die neugewonnenen Russischkenntnisse zu festigen oder sogar zu vertiefen. So wird im Begleitbuch z.B. zusätzlich zum Stoff des Fernsehkurses auch die russische Schreibschrift eingeführt und geübt.
Das Begleitbuch ist folgendermaßen aufgebaut: Jede der 15 Lektionen enthält den Stoff einer Fernsehfolge. Es werden die jeweils wichtigsten russischen Dialoge wiedergegeben und übersetzt. Die neuen Vokabeln der Lektionstexte und der Fernsehfolge werden anschließend in der Reihenfolge ihres Erscheinens angeführt. Daran schließt sich ein ausführlicher Erklärungsteil an, der den Grammatikstoff jeder Fernsehfolge aufgreift. Die Grammatik wird anschaulich dargestellt und ist mit vielen Beispielsätzen versehen. In einigen Fällen wird die Erklärung bestimmter grammatischer Phänomene vorweggenommen, auf die zwar in der Fernsehfolge noch nicht eingegangen wird, die aber in den entsprechenden russischen Dialogtexten häufig vorkommen. Dadurch soll Ihnen das Verstehen und das Reproduzieren der russischen Texte und Wendungen erleichtert werden.
Enthalten die russischen Texte einer Lektion wichtige Redewendungen, so werden diese am Ende des Erklärungsteils noch einmal übersichtlich zusammengestellt.
Auf den Erklärungsteil folgen abwechslungsreiche Übungen zu Grammatik und Wortschatz. Anhand des Schlüssels im Anhang des Begleitbuches können Sie Ihre Lösungen der Übungsaufgaben überprüfen. So ist gewährleistet, daß Sie sich selbständig und fehlerfrei den Stoff des Fernsehkurses aneignen und sich bald auch ohne Heikki, Nikolaj, Nina Aleksandrowna und Jurij Borissowitsch problemlos sprachlich in der Sowjetunion behaupten können!

(aktuelles) Vorwort

...„Reisen bildet" und „Wenn einer eine Reise macht, dann kann er was erleben" – diese Erfahrungen hat Heikki auf seiner Reise durch das (damals noch sowjetische) Russland gemacht. Mit „Russisch, bitte!" dürfen Sie gewissermaßen als „Trittbrettfahrer", aber bequem vom Fernseher bzw. Schreibtisch aus, Heikki auf seinen Streifzügen durch das russische Leben begleiten und von seiner frisch erworbenen Sprachpraxis profitieren. Sie schulen Ihr Hörverständnis, erweitern Ihren Wortschatz, lernen nützliche Redewendungen, vertiefen Ihre Grundkenntnisse der russischen Grammatik – und sind am Ende bestens gerüstet, um selbst auf Reisen zu gehen und sich in typischen Alltagssituationen auf Russisch zu verständigen.

Ulrike Patow, und Verlag [1]

[1] Das ältere Vorwort oben wurde unverändert übernommen.

Inhaltsverzeichnis

Vorwort		3
Grammatikalische Fachausdrücke und ihre Erklärung		6
Abkürzungen		8
1. Folge	Das russische Alphabet / Aussprache	9
2. Folge	Das russische Alphabet / Aussprache unbetonter Vokale	18
3. Folge	Das russische Alphabet, Fragen nach Personen/Sachen	28
4. Folge	**Здра́вствуйте!**	38
	Begrüßung / Vorstellung / Abschied	
	Познако́мьтесь, пожа́луйста!	
	Russische Namen / Anrede	
	Все собрали́сь?	
	Präsens des Hilvsverbs sein / Die Grundzahlen von 1 bis 10	
5. Folge	**О́чень прия́тно**	49
	Genus der Substantive / Nationalitätenbezeichnungen / Fragepronomen како́й / Как вас зову́т? – Меня́ зову́т ... *(Wie heißen Sie? – Ich heiße ...)* / Personalpronomen im Nominativ und Akkusativ / у + Genitiv *(haben)* / Genitiv der Personalpronomen	
6. Folge	**Вы говори́те по-ру́сски?**	60
	e- und i-Konjugation / Adverbien / Wortfolge	
	В Москву́	
	Akkusativ der Substantive	
7. Folge	**Де́душка и ба́бушка**	71
	Verwandtschaftsbezeichnungen / Possessivpronomen мой, твой, наш, ваш / Dativ der Substantive / Die Konjunktionen и und а / Berufsbezeichnungen	
8. Folge	**В рестора́не**	80
	Genus der Substantive, Substantivendungen im Nominativ Singular / Adjektivendungen im Nominativ Singular / Substantive mit adjektivischer Endung / Konjugation der Verben знать, смотре́ть, ви́деть / Präteritum von быть	
9. Folge	**Ба́бушка звони́т по телефо́ну**	92
	Präpositiv / Konjugation der Verben звони́ть, слы́шать, идти́, дава́ть / Das Futur von быть / Die Grundzahlen von 20 bis 299	

Inhaltsverzeichnis

10. Folge **Что ты лю́бишь?** 103
Grammatik: Konjugation von люби́ть / Die Grundzahlen von 11 bis 19 / Uhrzeit / мо́жно *(man kann/darf)* / Vorbemerkung zu den Aspekten / Nominativ Plural der Substantive und Adjektive / Russische Adressen

11. Folge **Из Мосфи́льма никого́ нет** 115
Imperativ / Doppelte Verneinung / нет + Genitiv
Всё в поря́дке
Konjugation der Verben ждать und жить / Endungen der 1. Person Singular und der 3. Person Plural im Präsens / Zur Futurbedeutung des vollendeten Aspekts / Dativ der Personalpronomen / Gebrauch des Dativs

12. Folge **Рад тебя́ ви́деть** 129
Konjugation der Verben расти́, боле́ть, быва́ть, ходи́ть / Der Gebrauch von идти́ und ходи́ть / Genitiv der Substantive / Gebrauch des Genitivs
Како́й эта́ж?
Die Ordnungszahlen von 1 bis 11 / Die Grundzahlen von 300 bis 1000 / Infintivsätze mit Dativ mit der Bedeutung *müssen* und *sollen*

13. Folge **За́втрак** 141
Instrumental der Substantive
Бори́с и Степа́н за́втракают в кафе́.
Das Futur unvollendeter Verben / Die Wochentage

14. Folge **В авто́бусе** 152
Konjugation von хоте́ть / Die reflexiven Verben
В буфе́те
Konjugation der Verben auf -овать und -евать / Preisangaben / Deklination der Adjektive mit hartem und weichem Stammauslaut im Singular

15. Folge **Познако́мьтесь!** 167
Konjugation der Verben игра́ть, отдыха́ть, лови́ть, е́здить, пригласи́ть, купи́ть / Die Verbpaare идти́ – ходи́ть und е́хать – е́здить
Кого́ я ви́жу?
Präteritum / Deklination der Adjektive mit den Stammauslauten г, к, х, ж, ч, ш, щ im Singular

Lösungsschlüssel 179

Grammatikalische Fachausdrücke und ihre Erklärung

Adjektiv = Eigenschaftswort: das *braune* Kleid
adjektivisch = als Eigenschaftswort gebraucht
Adverb = Umstandswort: er singt *laut*
Akkusativ = 4. Fall, Wenfall: Er pflückt den Apfel für *seinen Bruder*
Aktiv = Tätigkeitsform: Der Mann *schlägt* den Hund
Artikel = Geschlechtswort: *der, die, das, ein, eine, ein*
Aspekt = Hinweis auf den Verlauf der Handlung (Wiederholung, Abschluß usw.): blicken, *er*blicken
Attribut = Beifügung, Eigenschaft: Der *alte* Mann hat es nicht leicht
attributiv = beifügend
Dativ = 3. Fall, Wemfall: Die Frau kommt aus *dem Garten*
Deklination = Beugung des Hauptwortes: Nominativ – *der Vater,* Genitiv – *des Vaters,* Dativ – *dem Vater,* Akkusativ – *den Vater*
deklinieren = die Beugung durchführen, beugen
Demonstrativpronomen = hinweisendes Fürwort: *dieser, jener*
Femininum = weibliches Geschlecht, weibliches Hauptwort
Futur = Zukunft(sform): Ich *werde fragen*
Genitiv = 2. Fall, Wesfall: Sie beraubten mich *meines Geldes*
Genus = Geschlecht: Maskulinum, Femininum, Neutrum
Imperativ = Befehlsform: *geh(e)!*
Indefinitpronomen = unbestimmtes Fürwort: *jeder, jemand, manch*
indeklinabel = in allen Fällen oder Geschlechtern formengleich
Infinitiv = Nennform, Grundform: *backen, biegen*
Instrumental = 5. Fall
Interrogativpronomen = Fragefürwort: *wer, wessen, wem, wen*
intransitiv(es Verb) = ohne Ergänzung im Akkusativ, nichtzielend: Der Hund *bellt*
Kasus = Fall: Nominativ, Genitiv, Dativ, Akkusativ, Instrumental und Präpositiv
Komparativ = Höherstufe (1. Steigerungsstufe): *schöner, größer*
Konjugation = Beugung des Zeitwortes: Infinitiv – *gehen,* Präsens – ich *gehe*
konjugieren = die Beugung des Zeitwortes durchführen
Konjunktion = Bindewort: Der Mann ist unglücklich, *weil* er nicht arbeiten kann
Konsonant = Mitlaut: *b, d, s*
Maskulinum = männliches Geschlecht, männliches Hauptwort

Grammatikalische Fachausdrücke

Modalverb = Zeitwort, das die Art und Weise des Geschehens bezeichnet: er *will* kommen, sie *kann* schlafen
Modus = Aussageweise
Neutrum = sächliches Geschlecht, sächliches Hauptwort
Nomen = Hauptwort: der *Tisch*
Nominativ = 1. Fall: *Der Mann* kauft ein Buch
Numerus = Zahl
Objekt = Satzergänzung: Der Mann schlägt *den Hund*
Personalpronomen = persönliches Fürwort: *er, sie, wir*
Plural = Mehrzahl: *Kirschen*
Possesivpronomen = besitzanzeigendes Fürwort: *der, die, das meinige, mein, dein, euer*
Prädikat = Satzaussage: Die Frau *bäckt* einen Kuchen
prädikativ = aussagend
Präfix = Vorsilbe: *ab*fahren, *an*kommen
Präposition = Verhältniswort: *auf, gegen, mit*
präpositional = mit einem Verhältniswort gebildet
Präpositiv = 6. Fall
Präsens = Gegenwart: ich *gehe*
Präteritum = Vergangenheit: er *ging*
Pronomen = Fürwort: *er, sie, es*
reflexiv = rückbezüglich: er wäscht *sich*
Reflexivpronomen = rückbezügliches Fürwort
Rektion = Bestimmung des Falles, in dem ein abhängiges Wort steht: Er liest *einen Roman* („lesen" mit dem 4. Fall)
Relativpronomen = bezügliches Fürwort: Wo ist das Buch, *das* ich gekauft habe?
Singular = Einzahl: *Tisch*
Subjekt = Satzgegenstand: *Das Kind* spielt mit der Katze
Substantiv = Hauptwort: der *Tisch*
substantivisch = als Hauptwort gebraucht
Suffix = Endung, Ableitungssilbe: Acht-*ung*
Tempus = Zeit(form des Verbs): Präsens, Imperfekt, Futur
transitiv(es Verb) = mit Ergänzung im Akkusativ, zielend: Ich *begrüße* einen Freund
Verb(um) = Zeitwort: *gehen, kommen*
Vokal = Selbstlaut: *a, e, i, o, u*

Abkürzungen

a.	auch		*j-m*	jemandem
Abk.	Abkürzung		*j-n*	jemanden
Adj.	Adjektiv		*m.*	maskulinum
Adv.	Adverb		*n.*	neutrum
allg.	allgemein		*Nom.*	Nominativ
bes.	besonders		*od.*	oder
best.	bestimmt		*Pers.*	Person
bzw.	beziehungsweise		*Pl.*	Plural
Dat.	Dativ		*Präp.*	Präpositiv
d.h.	das heißt		*Präs.*	Präsens
etw.	etwas		*Prät.*	Präteritum
f.	femininum		*s.*	siehe
Fut.	Futur		*Sing.*	Singular
Gen.	Genitiv		*Subst.*	Substantiv
Imp.	Imperativ		*unbest.*	unbestimmt
indekl.	indeklinabel, nicht deklinierbar		*usw.*	und so weiter
			vgl.	vergleiche
Inf.	Infinitiv		*wörtl.*	wörtlich
Instr.	Instrumental		*z.B.*	zum Beispiel

Lektion 1

Das russische Alphabet (1)

Das russische Alphabet besteht aus 33 Buchstaben. In den ersten drei Lektionen werden Sie diese Buchstaben „häppchenweise" sowohl in der Druckschrift als auch in der Schreibschrift lesen und schreiben lernen.

Einige russische Buchstaben unterscheiden sich im Schriftbild und vom Klang her kaum vom Deutschen:

A a	*A a*	E e	*E e*	K k	*K k*
M м	*M м*	O o	*O o*	T т	*T т*

Отто *Отто*   Том *Том*

акт *акт*   такт *такт*

тéма *тéма*   мáма *мáма*

áтом *áтом*   какáо *какáо*

Schreibschrift

Rechts neben den Druckbuchstaben ist jeweils die Schreibschrift angegeben. Bei der Schreibschrift sind die Unterschiede zwischen unserer Lateinschrift und der kyrillischen Schrift größer als bei der Druckschrift. Außer der völlig anderen Schreibweise des **т** beachten Sie bitte noch folgendes:

In der Schreibschrift wird das kleine **м** an den vorhergehenden Buchstaben mit einem Aufstrichhäkchen angeknüpft.

Für das kleine **т** sind in der Schreibschrift die oben angeführten Varianten gebräuchlich.

Lektion 1

Aussprache

Im Russischen hängt die Aussprache, manchmal sogar die Bedeutung eines Wortes davon ab, auf welcher Silbe die Betonung liegt. Anders als im Deutschen kann die Betonung innerhalb eines Wortes bei der Deklination oder Konjugation wechseln. Aufgrund dieser Schwierigkeit wird in Lehr- und Wörterbüchern – wie auch in diesem Begleitbuch – die betonte Silbe mit einem Betonungszeichen markiert. In russischen Originaltexten (in Zeitungen, Büchern, auf Schildern usw.) werden Sie jedoch dieses Hilfszeichen nicht finden.

Im Russischen gibt es nicht nur stimmhafte und stimmlose, sondern auch harte und weiche Buchstaben bzw. Laute. Das а ist ein harter Vokal, das е hingegen ist weich (jotiert). Am Wortanfang wird es wie [je] ausgesprochen. Steht vor dem е ein Konsonant, so bewirkt das е, daß dieser Konsonant weich (palatalisiert), wie mit einem schwachen j ausgesprochen wird: тéма [t^{j}ema].

Betonte russische Vokale sind mittellang; so wird z.B. мáма eher wie „mahma" und nicht wie „Mamma" ausgesprochen. Das betonte о wird offen, mit stark gerundeten Lippen gesprochen, etwa wie in „Sonne" oder „offen" – nur etwas länger (jedoch nicht wie in „Sohn").

Vokale, die nach einer betonten Silbe stehen, werden ganz kurz und abgeschwächt ausgesprochen, ähnlich undeutlich wie das dumpfe e in deutschen Nachsilben (z.B. red*e*n, schön*e*r). Das russische Wort áтом z.B. wird ähnlich wie das deutsche Wort „Atem" ausgesprochen.

Das russische Alphabet (2)

Sechs weitere russische Buchstaben kommen uns aus unserem Alphabet bekannt vor. Aber Vorsicht! Sie haben einen anderen Lautwert als im Deutschen:

В в *В в*	вáта *ваmа*

Das russische в klingt ganz wie ein deutsches w.

Lektion 1

| Н н *Н н* | Невá *Невá* | нет *нет* |
| | момéнт *момéнт* | |

Der Buchstabe, der aussieht wie ein deutsches h, ist ein russisches **n**.

| Р р *Р р* | Ромáн *Ромáн* | ракéта *ракéта* |
| | трáктор *трáктор* | |

Was aussieht wie ein deutsches p, ist das russische **r**. Die Russen rollen das **r**; dabei vibriert die Zungenspitze am vorderen Teil des Gaumens.

| С с *С с* | самовáр *самовáр* | таксú *таксú* |

Dies ist ein scharfes, stimmloses **s** (wie in *Wasser* oder *aus*).

| У у *У у* | Ýта *Ýта* | курс *курс* |
| | урá *урá* | |

So wird das russische **u** geschrieben.

| Х х *Х х* | харáктер *харáктер* | |
| | Сахáра *Сахáра* | |

Dieser Buchstabe entspricht unserem **ch**. Vor dunklen Vokalen (a, o, u), vor harten Konsonanten und am Wortende klingt er wie **ch** in *Buch* oder *Krach*. Vor hellen Vokalen (e, i) und vor erweichten Konsonanten klingt er wie in *nicht* und *echt*.

Lektion 1

Übung

Lesen Sie die folgenden Wörter jeweils in Druck- und in Schreibschrift:

Вéра	*Вéра*	антéнна	*антéнна*
Áнна	*Áнна*	акт	*акт*
Áста	*Áста*	такт	*такт*
контáкт	*контáкт*	теáтр	*теáтр*
Сáра	*Сáра*	ромáн	*ромáн*
Ханс	*Ханс*	кáсса	*кáсса*
метрó	*метрó*	ресторáн	*ресторáн*

ананáс	*ананáс*
старт	*старт*
торт	*торт*
хор	*хор*
хáос	*хáос*
оркéстр	*оркéстр*
ветерáн	*ветерáн*

Das russische Alphabet (3)

Zwei russische Buchstaben ähneln sich in der Druckschrift. Achten Sie daher auf den kleinen Unterschied:

П п *П п*	Псков *Псков*	пáпа *пáпа*
	óпера *óпера*	

Was aussieht wie ein Portal, ist das russische **р**.

Lektion 1

Л л *Л л*	Лéна *Лéна*	лáмпа *лáмпа*
	салáт *салáт*	

Das russische l wird in der Schreibschrift – genauso wie das kleine м – mit einem Häkchen an den vorhergehenden Buchstaben angebunden.

Das harte russische л ist härter als das deutsche; es klingt so ähnlich wie im Englischen *all*, *well*. Die Zungenspitze wird dabei hinter die oberen Schneidezähne gepreßt. Hart wird das л vor harten Vokalen und am Wortende gesprochen.

Das weiche russische л ist weicher als das deutsche. Während beim deutschen l die Zungenspitze die Rückseite der oberen Zähne bzw. den vordersten Gaumen nur leicht berührt, hebt sich beim russischen л bei auseinandergezogenen Lippen die ganze vordere Zungenhälfte in voller Breite gegen den vorderen Gaumen. Erweichtes л wird vor jotierten Vokalen und vor dem Weichheitszeichen (*siehe Lektion 2*) gesprochen.

Das russische Alphabet (4)

И и *И и*	Ивáн *Ивáн*	икóна *икóна*
	кинó *кинó*	

Das spiegelverkehrte N bzw. der in der Schreibschrift wie ein deutsches u aussehende Buchstabe ist ein i (wie in *sie, Wiege*). Das и zählt zu den weichen Vokalen, d.h. es erweicht den vorangehenden Konsonanten.
Am Wortanfang ist das и im Gegensatz zum е nicht jotiert: Ивáн [Iwan] aber Елéна [Jel^jena].

Lektion 1

| ы *ы* | Крым *Крым* | áкты *áкты* |
| | туристы *туристы* | |

Dieser Laut ist dem Deutschen fremd. Wir nennen ihn das hintere i, weil er in der hinteren Mundhöhle klingt. Das ы kommt nicht als Anfangsbuchstabe vor. In der Umschrift wird es meist mit y wiedergegeben. Das ы klingt aber weder wie ein y noch wie ein ü. Es ist ein Mittelding zwischen i und u / ü (etwa wie in *Fisch*). Versuchen Sie, ein i zu artikulieren, und ziehen Sie dabei die Zunge wie für ein u zurück, ohne die Mundstellung zu verändern.

| Й й *Й й* | Йóнас *Йóнас* | йод *йод* |
| | хоккéй *хоккéй* | |

Dieser Buchstabe heißt и крáткое, *kurzes i*. In der Umschrift wird er mit **j** wiedergegeben. Er kommt in russischen Wörtern nur nach Vokalen vor und verschmilzt mit diesen zu einem Doppellaut, wobei das й wie ein schwaches j klingt.
Nur in wenigen Fremdwörtern kann das й auch vor einem Vokal stehen; die Silbengrenze liegt dann vor dem й: майóр, райóн.

Jetzt kennen Sie bereits über die Hälfte aller russischen Buchstaben:

A a		В в		Е е				И и	Й й
A a		*В в*		*Е е*				*И и*	*Й й*
К к	Л л	М м	Н н	О о	П п	Р р	С с	Т т	У у
К к	*Л л*	*М м*	*Н н*	*О о*	*П п*	*Р р*	*С с*	*Т т*	*У у*
Х х						ы			
Х х						*ы*			

Lektion 1

Groß- und Kleinschreibung

Jeder Satz beginnt mit einem Großbuchstaben. Auch Eigennamen werden wie bei uns immer mit großen Anfangsbuchstaben geschrieben. Ansonsten werden alle Substantive – anders als im Deutschen – klein geschrieben.

Neue Wörter

Hier eine Übersicht über die deutsche Bedeutung der Wörter, mit denen Sie das russische Alphabet lernen:

Alphabet (1):

Отто	Otto	тема	Thema
Том	Tom	мама	Mama
акт	Akt	атом	Atom
такт	Takt	какао	Kakao

Alphabet (2):

вата	Watte	Аста	Asta
Нева	Newa *(Fluß durch Leningrad)*	контакт	Kontakt
		Сара	Sarah
нет	nein	Ханс	Hans
момент	Moment	метро	Metro, U-Bahn
Роман	Roman *(russ. Männername)*	антенна	Antenne
		театр	Theater
ракета	Rakete	роман	Roman
трактор	Traktor	касса	Kasse
самовар	Samowar	ресторан	Restaurant
такси	Taxi	ананас	Ananas
Ута	Uta	старт	Start
курс	Kurs	торт	Torte
ура	hurra	хор	Chor
характер	Charakter	хаос	Chaos
Сахара	Sahara	оркестр	Orchester
Вера	Vera	ветеран	Veteran
Анна	Anna		

Alphabet (3):

Псков	Pskow *(russische Stadt)*	Лена	Lena
папа	Papa	лампа	Lampe
опера	Oper	салат	Salat

Alphabet (4):

Иван	Iwan	туристы	Touristen
икона	Ikone	Йонас	Jonas
кино	Kino	йод	Jod
Крым	Krim	хоккей	Hockey

Lektion 1

Übungen

1. *Lesen Sie laut. Wenn Sie richtig lesen, werden Sie schnell diese international bekannten Wörter erkennen. Zur Kontrolle finden Sie im Lösungsschlüssel die deutsche Übersetzung.*

   a. ма́рка, ка́рта, ма́ска, парк, анте́нна, аппара́т, аттеста́т, ма́стер

   b. сорт, спорт, торт, но́та, но́рма, ко́мпас, па́спорт, Анто́н,

   c. су́мма, суп, структу́ра, ка́ктус

   d. те́ма, текст, семе́стр, ремо́нт, метр, хара́ктер, раке́та, пре́сса, нерв, спортсме́н, секре́т

   e. интере́с, институ́т, инсти́нкт, инструме́нт, риск, сантиме́тр, мину́та, никоти́н, Ири́на, Лари́са

   f. трамва́й, нейло́н, Рейн, Толсто́й

   g. мета́лл, класс, карнава́л, киломе́тр, плака́т, рекла́ма, криста́лл, Михаи́л

   h. ко́мплекс, поликли́ника, кле́йстер, Алексе́й

   i. Крым, тури́сты, а́кты, та́кты, аппара́ты, институ́ты, витами́ны

2. *Lesen Sie die folgenden Wörter und schreiben Sie sie mehrmals ab: (Die Bedeutung der Wörter können Sie im Lösungsschlüssel nachschlagen.)*

   ма́стер   поликли́ника
   па́спорт   Крым
   су́мма   витами́ны
   ремо́нт   арти́ст
   институ́т   кварта́л
   трамва́й   са́хар
   рекла́ма   хара́ктер

Lektion 1

3. *Lesen Sie die Wörter Zeile für Zeile und streichen Sie das Wort aus, das inhaltlich nicht dazugehört:*

Beispiel: кино́ о́пера ~~ка́ктус~~ теа́тр опере́тта

a. сала́т ка́сса ко́ла сиро́п суп
b. капита́н космона́вт пило́т аппара́т матро́с
c. портве́йн университе́т институ́т курс матема́тика
d. кли́мат те́ннис контине́нт плане́та а́тлас
e. мини́стр ко́нсул тури́ст импера́тор султа́н
f. Анто́н Тама́ра Ни́на Алексе́й Аме́рика
g. систе́ма ха́ос структу́ра перспекти́ва план
h. Минск Ирку́тск О́сло Омск Ки́ев

4. *Welche Begriffe passen zueinander? Lesen Sie die Wörter und ordnen Sie die Spalten:*

1. спорт   a. институ́т
2. плака́т   b. архите́ктор
3. лимо́н   c. тре́нер
4. архитекту́ра   d. кекс
5. о́пера   e. трактори́ст
6. университе́т   f. анана́с
7. торт   g. рекла́ма
8. тра́ктор   h. парке́т

5. *Ergänzen Sie in den folgenden Wörtern die fehlenden Buchstaben. Diese ergeben von oben nach unten gelesen ein beliebtes russisches Transportmittel.*

те . перату́ра
п . нсионе́р
инс . руме́нт
сати́ . а
пист . ле́т

17

Lektion 2

Das russische Alphabet (5)

Б б *Б б*	Берли́н *Берлин* бар *бар*
	таба́к *табак*

Der Buchstabe mit dem **B**auch ist das **b**.

Г г *Г г*	Га́мбург *Гамбург* газ *газ*
	ваго́н *вагон*

Der Buchstabe, der gedruckt aussieht wie ein kleiner **G**algen, ist das **g**.

Д д *Д д*	До́ртмунд *Дортмунд*
	дом *дом* студе́нт *студент*

Für ihr **d** benutzen die Russen das griechische Delta.
Achtung, das kleine д sieht in der russischen Schreibschrift aus wie unser g.

З з *З з*	За́але *Заале* зал *зал*
	ро́за *роза*

Die „Drei" ist das russische stimmhafte **s** wie in *Rose* oder *Saft*.
Meistens wird das з mit einer Schlaufe unter der Linie geschrieben.

Ф ф *Ф ф*	Фра́нкфурт *Франкфурт*
	фото́граф *фотограф*

Ebenfalls aus dem Griechischen bekannt (Phi) ist das russische **f**.

Lektion 2

Den meisten stimmhaften Konsonanten entspricht – wie im Deutschen – ein stimmloser Konsonant:

Б - П	борт *Bord*	–	порт *Hafen*
В - Ф	ва́за *Vase*	–	фа́за *Phase*
Г - К	гло́бус *Globus*	–	ко́рпус *Gebäudekomplex*
Д - Т	дом *Haus*	–	том *Buchband*
З - С	зо́на *Zone*	–	солда́т *Soldat*

Genauso wie im Deutschen werden stimmhafte Konsonanten am Wortende und vor stimmlosen Konsonanten stimmlos gesprochen: клуб [klup]; нерв [nʲerf]; Га́мбург [gámburk]; Дóртмунд [dortmunt].

Anders als im Deutschen werden die Konsonanten п, т, к ohne Hauchlaut (wie z. B. deutsch *kommen* [khommen]) gesprochen.

Wiedergabe des „h" im Russischen
Wie Sie vielleicht schon bemerkt haben, kommt das Russische ohne ein „h" aus: Са́ра *(Sarah)*, стул *(Stuhl)*.

Lektion 2

Bei der Wiedergabe von Fremdwörtern und ausländischen Namen, die mit einem „H" beginnen, verwenden die Russen ersatzweise ein **г** oder ein **х**:

Га́мбург	Hamburg	горизо́нт	Horizont
Ганно́вер	Hannover	гектоли́тр	Hektoliter
Гава́нна	Havanna	гипно́з	Hypnose
Хе́льсинки	Helsinki	хо́бби	Hobby
Хано́й	Hanoi	хокке́й	Hockey
Ханс	Hans	хулаху́п	Hula-Hoop

Bisweilen wird auch ganz auf einen Ersatzbuchstaben verzichtet: арлеки́н *Harlekin,* исто́рик *Historiker,* иеро́глиф *Hieroglyphe,* Еле́на *Helene.*

Das russische Alphabet (6)

In dem Wort **Хе́льсинки** ist Ihnen bereits ein Buchstabe begegnet, den wir noch nicht vorgestellt haben:

ь *b*	О́льга *Ольга*

Es handelt sich um das sogenannte **Weichheitszeichen**, welches keinen eigenen Lautwert besitzt.

Das Weichheitszeichen bewirkt:
– entweder die Erweichung des vorangehenden Konsonanten, wenn kein weicher Vokal folgt: фильм, культу́ра, Тиро́ль
– oder, wenn ein weicher Vokal folgt, daß dieser mit einem deutlichen j-Ansatz gesprochen wird: а́канье[1] [ákanje].

Die Russen empfinden unser deutsches l als weich. Deshalb setzen sie meistens ein Weichheitszeichen dahinter: Ка́ссель, Хо́льгер, О́льденбург.

---

[1] Zur Bedeutung dieses Wortes siehe Seite 23

Lektion 2

Klein ist das Zeichen, fein der Unterschied in der Aussprache, aber groß die Bedeutung. Es kann nämlich, wie die folgenden Beispiele zeigen, eine bedeutungsunterscheidende Funktion haben. Hören Sie sich die folgenden Wörter auch auf der Cassette an und beachten Sie die unterschiedliche harte und weiche Aussprache:

мел	*Kreide*	по́лка	*Bücherregal*
мель	*Sandbank*	по́лька	*Polka, Polin*
брат	*Bruder*	у́гол	*Ecke*
брать	*nehmen*	у́голь	*Kohle*

Das russische Alphabet (7)

Bisher haben Sie zwei **weiche Vokale** kennengelernt, das е und das и. Es gibt aber noch drei weitere:

Ё ё	Ёахим[2]	бельё

[jo] wie in *Joch*. Das ё ist immer betont. Deshalb bekommt dieser Buchstabe nie ein Betonungszeichen. In russischen Originaltexten werden die Pünktchen auf dem ё – zum Leidwesen aller Lernenden – meistens nicht mitgedruckt oder -geschrieben.

Ю ю	Ю́питер	ю́мор
	каю́та	

[ju] wie in *Juni*.

---

[2] Die hier und im Fernsehen gezeigte Schreibweise Ёахим ist eigentlich ungebräuchlich; gewöhnlich schreibt sich dieser Name Йоа́хим.

Lektion 2

Я я *Я я*	Янѝна *Янина*	янва́рь *январь*
	Мари́я *Мария*	

[ja] wie in *ja*. Genauso wie das kleine м und л wird auch das kleine я in der Schreibschrift mit einem Häkchen an den vorangehenden Buchstaben angebunden.

Bis auf das и werden alle weichen Vokale am Wortanfang, am Silbenanfang und nach einem Weichheitszeichen mit einem deutlichen j-Vorschlag ausgesprochen.

An anderen Stellen im Wort bewirken die weichen Vokale lediglich die Erweichung des vorangehenden Konsonanten. Ein richtiges j ist nicht zu hören, sondern nur ein darüberweggehauchtes, in den Vokal gleitendes, kurzes i.

Hören Sie sich auf der Cassette die folgenden Wortpaare an und achten Sie auf die Unterschiede zwischen Jotierung und Konsonantenerweichung:

Ерева́н	- ме́тод	юри́ст	- Людми́ла
диѐта	- нет	ию́нь	- рюкза́к
ёлка	- контролёр	янва́рь	- Та́ня
её	- монтёр	Мари́я	- октя́брь

Die Buchstaben ё und ю ersetzen in russischen Fremdwörtern häufig die Umlaute ö und ü, bei deren Aussprache sich deutschsprechende Russen sehr schwer tun: бюро́ *Büro*, меню́ *Menü*, Ю́рген *Jürgen*, монтёр *Monteur*.

Aussprache unbetonter Vokale

Aussprache von o und a

Besonders wichtig – geradezu das „A" und „O" der russischen Lautlehre – ist die folgende Ausspracheregel:

Unbetontes „o" am Wortanfang oder direkt vor einer betonten Silbe wird wie kurzes „a" gesprochen.

Lektion 2

Im Russischen hat die Aussprache des o als a sogar einen eigenen Namen: áканье. Zur Verdeutlichung geben wir hier die Aussprache einiger Wörter in einer einfachen Lautschrift an:
ромáн [ramán]   момéнт [mamʲént]   контáкт [kantákt]

Da diese Regel in der ersten Lektion noch nicht erwähnt wurde, wollen wir hier einige Wörter wiederholen und ihre Aussprache verbessern. Lesen Sie die folgenden Wörter laut und beachten Sie die neu gelernte Regel. Vergleichen Sie dann Ihre Aussprache mit der auf der Cassette.

киломéтр	пенсионéр	спортсмéн	хоккéй
никотúн	пистолéт	водá	солдáт
оркéстр	ресторáн	Толстóй	покá

Eine zweite wichtige Ausspracheregel für a und o lautet:

In allen anderen Stellungen vor und nach der betonten Silbe entsprechen o und a einem Laut zwischen e und a, der aber mehr nach a klingt.

Hören Sie sich die Aussprache der folgenden Wörter auf der Cassette an. Achten Sie auf die unterschiedliche Aussprache von o und a je nach ihrer Stellung zur betonten Silbe:

космонáвт молокó тракторúст горизóнт континéнт Ломонóсов

Aussprache des unbetonten e

Analog zum áканье erfährt ein unbetontes e am Wortanfang sowie unmittelbar vor der betonten Silbe auch eine Klangverfärbung, und zwar in Richtung i. Hören Sie sich die Aussprache des unbetonten e anhand der Beispielwörter auf der Cassette an:

метрó секрéт теáтр Алексéй Елéна Еврóпа

Aussprache des unbetonten я

In den gleichen Positionen, in denen das e eine Klangverfärbung in Richtung i erfährt, wird auch ein unbetontes я auf denselben i-ähnlichen Laut reduziert:

Япóния *Japan* язы́к *Sprache* пятьсóт *fünfhundert*

Lektion 2

Das russische Alphabet (8)

Den fünf harten Vokalen entsprechen fünf weiche:

hart: а   э   ы   о   у
weich: я   е   и   ё   ю

> Э э *Э э*   Э́рика *Э́рика*   э́хо *э́хо*
>
> поэ́зия *поэ́зия*
>
> Dieser harte Vokal – beim Schreiben und Lesen nicht zu verwechseln mit dem з – heißt э оборо́тное, *umgekehrtes e*.

Vor harten Konsonanten wird э offen, wie ein halblanges ä gesprochen (Ähre, Ende): эква́тор, экспе́рт, экску́рсия, экза́мен.
Vor weichen Konsonanten wird э geschlossen, wie das e in Reh oder Egon gesprochen: эне́ргия, эмигра́нт, поэ́зия.

In der zweiten Folge des Fernsehkurses wird noch auf zwei Besonderheiten des Russischen hingewiesen, die aber keine Schwierigkeiten bereiten dürften:

1. Den Buchstabenverbindungen eu und au, die im Deutschen in Fremdwörtern griechischen Ursprungs vorkommen, entsprechen im Russischen die Verbindungen **ев** und **ав**:

   Евро́па   *Europa*   авто́бус *Autobus*
   Евге́ний   *Eugen*   а́вгуст   *August*
   пневмо́ния *Pneumonie* тра́вма *Trauma*

2. Im Russischen gibt es keinen Buchstaben für unser x. Den x-Laut schreiben die Russen deshalb mit der Buchstabenkombination **кс** oder **кз**:
   текст такси́ экспе́рт ко́мплекс Алекса́ндр экза́мен

Lektion 2

Grammatik

Plural (Mehrzahl)
Im Nominativ (1. Fall) Plural wird bei männlichen Substantiven häufig die Endung **-ы** angehängt:

такт - та́кты; акт - а́кты; тури́ст - тури́сты

Bei weiblichen Substantiven, die im Nominativ Singular (Einzahl) auf -a enden, wird im Nominativ Plural meistens das -a durch ein **-ы** ersetzt:

те́ма - те́мы; ла́мпа - ла́мпы; перспекти́ва - перспекти́вы

Neue Wörter
Mit folgenden Wörtern lernen Sie in dieser Lektion das russische Alphabet:

Alphabet (5):

бар	Bar	студе́нт	Student
таба́к	Tabak	зал	Saal
газ	Gas	ро́за	Rose
ваго́н	Waggon	фото́граф	Fotograf
дом	Haus	клуб	Klub

Alphabet (7):

бельё	Wäsche	ёлка	Tanne
ю́мор	Humor	контролёр	Kontrolleur
каю́та	Kajüte	её	ihr
янва́рь	Januar	юри́ст	Jurist
ме́тод	Methode	ию́нь	Juni
дие́та	Diät	рюкза́к	Rucksack
нет	nein	октя́брь	Oktober

Aussprache:

трактори́ст	Traktorfahrer	спортсме́н	Sportler
молоко́	Milch	вода́	Wasser
контине́нт	Kontinent	солда́т	Soldat
пенсионе́р	Pensionär	пока́	tschüß, bis bald
пистоле́т	Pistole	секре́т	Geheimnis

Lektion 2

Alphabet (8):

э́хо	Echo	экза́мен	Examen
поэ́зия	Poesie	экспе́рт	Experte
эква́тор	Äquator	эне́ргия	Energie
экску́рсия	Exkursion	эмигра́нт	Emigrant

Grammatik:
перспекти́ва Perspektive

Übungen

Die deutsche Bedeutung der Wörter von Übung 1 bis 5 finden Sie im Lösungsschlüssel.

1. *Lesen und schreiben sie die folgenden Wörter mehrmals:*

Австра́лия   Тбили́си   Арха́нгельск
Владивосто́к   Свердло́вск   Ви́льнюс
Но́вгород   литерату́ра   му́зыка
автобиогра́фия   грамма́тика
парикма́хер   фрукт   энтузиа́зм

2. *Lesen Sie laut und achten Sie dabei besonders auf die Aussprache des unbetonten o. Kontrollieren Sie Ihre Aussprache anhand der Cassette:*

автома́т, агроно́м, акроба́т, библиоте́ка, биоло́гия, демокра́т, диплома́т, докуме́нт, зоопа́рк, поэ́зия, таба́к, контролёр, компози́тор, крокоди́л, микрофо́н, моме́нт, мото́р, пробле́ма, протоко́л, тролле́йбус, алкого́ль, Бори́с, Владивосто́к, Никола́й

Lektion 2

3. *Lesen Sie laut und beachten Sie die Klangverfärbung des e vor der betonten Silbe. Üben Sie mit der Cassette:*

апельсин, анекдот, аппетит, аттестат, бутерброд, генерал, интерес, календарь, лейтенант, телефон, реформа, религия, телевизор, Степан, Сергей, элемент, десерт, легенда

4. *Lesen Sie laut. Hören Sie sich dann die Wörter auf der Cassette an und üben Sie den Unterschied zwischen Jotierung und Konsonantenerweichung:*

Ямайка, сентябрь, академия, идея, карьера, проект, клиент, аптека, сфера, актёр, гипнотизёр, батальон, юмор, июль, Нью-Йорк, Нюрнберг, Кёльн, Владимир

5. *Lesen Sie laut und üben Sie das weiche л:*

альбом, деталь, картофель, пальма, политика, пудель, Люнебург, лейтмотив, вафля, иллюзия, суфлёр, профиль, станиоль, нуль, дуэль, вестибюль, Эльба, Смоленск

6. *Bilden Sie den Nominativ Plural zu den folgenden Wörtern:*

Beispiel: текст - тексты; группа - группы

диплом, факт, солдат, студент, билет, фрукт, бутерброд, реформа, роза, секунда, сигарета, касса, дама, конфета

7. *Lesen Sie die Wörter Zeile für Zeile und streichen Sie das Wort aus, das inhaltlich nicht dazugehört:*

a. радио телефон футбол телевизор видеоканал
b. ананас компот апельсин банан лимон
c. трамвай автобус диван троллейбус такси
d. Марина Мюнхен Мадрид Москва Монте-Карло
e. аптекарь эпизод контролёр философ юрист
f. Норвегия Голландия Италия Австрия Калифорния

Lektion 3

Das russische Alphabet (9)

Wer bisher geglaubt hatte, die russische Sprache sei eine harte Sprache, der wurde bereits eines Besseren belehrt. Welche Sprache besitzt schon eigens ein Weichheitszeichen, um Konsonanten weicher klingen zu lassen, und noch dazu fünf extra Buchstaben für weiche Vokale? Demgegenüber spielt das sogenannte **Härtezeichen** eine eher untergeordnete Rolle. Es kommt nämlich recht selten vor.

ъ ъ	объéкт *объéкт*
	адъютáнт *адъютáнт*

Das **Härtezeichen** hat – genau wie das Weichheitszeichen – keinen eigenen Lautwert. Wie der Name schon sagt, zeigt es an, daß der vorangehende Konsonant hart bleibt und daß der folgende weiche Vokal mit deutlichem j-Anlaut ausgesprochen werden soll.

Lehnwörter im Russischen

Sicherlich sind Sie angenehm überrascht, wieviele Lehnwörter es im Russischen gibt. Lediglich die Betonung vieler solcher Fremdwörter ist russifiziert worden. Deshalb ist die Aussprache häufig anders als gewohnt:
кинó, винó, метрó, таксú, киóск, хоккéй, спортсмéн, курóрт, килó ...

Lektion 3

Das russische Alphabet (10)

Jetzt kennen Sie schon fast das ganze russische Alphabet. Nur fünf Buchstaben fehlen noch: die berühmt-berüchtigten **Zischlaute**. Eigentlich sind nur sie es – vor allem in Verbindung mit anderen Konsonaten – und vielleicht noch das gerollte r, die das Russische so zungenbrecherisch erscheinen lassen. Dabei ist es gar nicht so schlimm. Bis auf einen kommen alle Zischlaute auch in unserer Sprache vor. Ungewohnt ist nur, daß Sie für die fünf Zischlaute auch fünf Zeichen lernen müssen und daß im Russischen häufiger Zischlaute vorkommen als bei uns.

Ц ц *Ц ц* | Цейлóн *Цейлóн* центр *центр*
концéрт *концéрт*

Der Buchstabe mit dem Zacken rechts unten ist das russische **z**, es steht auch für **tz**.
Besonders in der Schreibschrift ist auf die angehängte Schlaufe zu achten, damit keine Verwechslung mit dem y entsteht.

Ш ш *Ш ш* | Шостакóвич *Шостакóвич*
шофёр *шофёр* машúна *машúна*

Dieser Buchstabe entspricht unserem **sch** wie in *Schirm, Charme und Schablone*. Analog zum Schreibschrift-т wird auch das ш in der Schreibschrift, um Verwechslungen zu vermeiden, manchmal mit einem Balken unter dem Buchstaben versehen.

Ж ж *Ж ж* | Женéва *Женéва*
журнáл *журнáл* инженéр *инженéр*

Das stimmhafte Pendant zum stimmlosen ш ist das ж. Dieser Buchstabe, der aussieht wie ein gespiegeltes K, klingt wie das g in *Etage* oder *Gelatine*, wie das j in *Jeans* oder *Jalousie*.

Lektion 3

Zur Aussprache:

Die Konsonanten **ц, ш, ж** sind immer hart. D. h. unmittelbar nach diesen Buchstaben klingen Vokale, die normalerweise weich sind, wie ihr hartes Pendant: и klingt wie ы, е wie э, ё wie о und ю wie у.
Hören Sie sich die folgenden Wörter auf der Cassette an. Achten Sie auf die harte Aussprache der Vokale:
цирк центр концéрт
шеф машńна шёлк
жест жюрń пассажńр жёлтый

Das russische Alphabet (11)

| Чч *Ч ч* | Чайкóвский *Чайкóвский* |
| | чай *чай*   дáча *дáча* |

Dieses kleine h auf dem Kopf wird in der Fernsehsendung als „Dampflocklaut" bezeichnet. Es klingt wie **tsch** in *Churchill, Charlie Chaplin* oder *Quatsch*.

| Щщ *Щ щ* | щи *щи*   борщ *борщ* |

Der Laut, der den Russischlernenden am meisten Angst macht, ist das **schtsch**, der „Doppeldampfloklaut". Das t in der Mitte wird jedoch nur schwach artikuliert, so daß das щ eher wie ein besonders langes ш klingt.

Zur Aussprache

Die Konsonanten ч und щ sind immer weich. Auch wenn die harten Vokale a oder o folgen, werden ч und щ erweicht, d. h. mit gegen den Gaumen gehobener Zunge gesprochen. Nach den Konsonanten ч und щ klingt ein unbetontes a wie ein Laut zwischen e und i.

Lektion 3

Harte und weiche Laute

Im Moment erscheint Ihnen die Frage, ob ein Konsonant oder ein Vokal hart oder weich ist, vielleicht noch als reine Ausspracheschikane. Die Kenntnis dieser Kategorien ist aber später bei der richtigen Anwendung verschiedener Deklinationsmodelle sehr hilfreich.

Die meisten russischen Konsonanten kommen sowohl hart als auch erweicht vor.

Harte Konsonanten	Weiche Konsonanten
erkennt man entweder am folgenden **Härtezeichen** (о<u>бъ</u>éкт)	erkennt man entweder am folgenden **Weichheitszeichen** (фи<u>ль</u>м)
oder am folgenden **harten Vokal**: а э ы о у (трáк<u>тор</u>)	oder am folgenden **weichen Vokal**: я е и ё ю (мон<u>тёр</u>)
Die Konsonanten **ж ш ц** sind immer hart.	Die Konsonanten **ч щ й** sind immer weich.

Jetzt kennen Sie das gesamte russische Alphabet. Hier noch einmal eine Übersicht über alle Buchstaben des russischen Alphabets:

А а	Б б	В в	Г г	Д д	Е е	Е ё	Ж ж	З з	И и	Й й
А а	*Б б*	*В в*	*Г г*	*Д д*	*Е е*	*Е ё*	*Ж ж*	*З з*	*И и*	*Й й*
К к	Л л	М м	Н н	О о	П п	Р р	С с	Т т	У у	Ф ф
К к	*Л л*	*М м*	*Н н*	*О о*	*П п*	*Р р*	*С с*	*Т т*	*У у*	*Ф ф*
Х х	Ц ц	Ч ч	Ш ш	Щ щ	ъ	ы	ь	Э э	Ю ю	Я я
Х х	*Ц ц*	*Ч ч*	*Ш ш*	*Щ щ*	*ъ*	*ы*	*ь*	*Э э*	*Ю ю*	*Я я*

Lektion 3

Jetzt können Sie also alle russischen Wörter lesen. Auch das Закуска-Lied, das Heikki zu Beginn des Kurses gesungen hat und in der nächsten Sendung noch einmal für Sie singen wird:

> Закуска
>
> балéт, купé, метрó, стáнция,
> киóск, турúст, бюрó, бассéйн, фонтáн,
> пáспорт, кáсса, валюта,
> áдрес, финн, ресторáн.
> Вот вам закуска! ...

Grammatik

Fragen nach Personen und Sachen

Что это?	Was ist das?
Кто это?	Wer ist das?
Это Вадúм.	Das ist Wadim.

Wenn Sie nach einer Person fragen, sagen Sie: Кто это?.

Wenn Sie nach einer Sache fragen, sagen Sie: Что[1] это?

Die Antwort lautet: Это ...

---
[1] In что wird чт ausnahmsweise wie [scht] ausgesprochen.

Lektion 3

Кто bedeutet „wer", что bedeutet „was" und это bedeutet „das". Wie Sie sehen, kommt das Russische im Präsens (*Gegenwart*) ohne das Hilfsverb „sein" aus.

Это Ольга и Иван.	Das (sind) Olga und Iwan.
Он инженер.	Er (ist) Ingenieur.
Я фотограф.	Ich (bin) Photograph.
Мы студенты.	Wir (sind) Studenten.

Neue Wörter

Alphabet (9):

объект	Objekt	вино	Wein
адъютант	Adjutant	кило	Kilogramm

Alphabet (10):

Цейлон	Ceylon	инженер	Ingenieur
центр	Zentrum	цирк	Zirkus
концерт	Konzert	шёлк	Seide
шофёр	Chauffeur, Fahrer	жест	Geste
машина	Maschine; Auto	жюри	Jury
Женева	Genf	пассажир	Passagier
журнал	Journal, Zeitschrift	жёлтый	gelb

Alphabet (11):

чай	Tee	борщ	Rote-Beete-Suppe
дача	Wochenendhaus	монтёр	Monteur
щи	Kohlsuppe		

Grammatik:

кто	wer	я	ich
что	was	мы	wir
это	das		

Закуска-Lied:

закуска	Imbiß; Vorspeise	паспорт	Paß
балет	Ballett	касса	Kasse
купе	Abteil	валюта	Valuta
станция	Station	адрес	Adresse
бюро	Büro	финн	Finne
бассейн	Bassin, Schwimmbecken	вот	hier
фонтан	Fontäne, Springbrunnen	вам	Ihnen (*Dativ von Sie*); hier: für Sie

Lektion 3

Übungen

Die Übersetzung der russischen Wörter von Übung 1 und 2 finden Sie im Lösungsschlüssel.

1. *Lesen Sie die folgenden Wörter mehrmals und schreiben Sie sie ab:*

субъект   цемент   циферблат
ленинградец   шоколад   ландшафт
шампанское   журналист   жалюзи
багаж   Чехословакия   сандвич
технический   товарищ   овощи

2. *Lesen Sie laut:*

сувени́р, субъе́кт, кварц, цили́ндр, шотла́ндец, шприц, шпио́н, шпина́т, штраф, ште́псель, шнур, марш, Шлезвиг-Го́льштейн, масшта́б, Шту́тгарт, жира́ф, желати́н, Жене́ва, Алжи́р, дирижёр, Ива́нович, чек, автомати́ческий, ку́чер, царе́вич, путч

Lektion 3

3. *In diesem Buchstabengewirr sind waagerecht und senkrecht 17 Wörter und Namen versteckt.*

Т	А	Л	Е	К	С	А	Н	Д	Р
Р	М	А	Р	Ш	Б	Е	Ж	В	А
А	Ы	М	У	З	Ы	К	А	Ь	Д
К	Щ	П	А	В	Е	Л	Ч	Л	И
Т	М	А	Р	И	Я	Б	Э	Т	О
О	А	Х	А	Р	А	К	Т	Е	Р
Р	Й	О	М	С	К	Т	Г	М	Й
П	А	Р	К	Я	Т	О	Е	А	Ф

4. *Wie gut können Sie sich schon in einer russischen Stadt mit vielen Schildern orientieren? Auch wenn Sie noch keine Adjektivendungen oder Genitivformen gelernt haben, dürfte es Ihnen nicht schwerfallen, die folgenden Aufschriften oder Stadtplaneintragungen zu entziffern. Zu Ihrer Hilfe finden Sie in der rechten Spalte – allerdings ungeordnet – die deutschen Entsprechungen.*
Ordnen Sie die Spalten.

I.

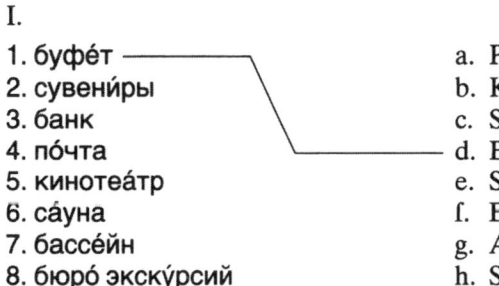

1. буфе́т
2. сувени́ры
3. банк
4. по́чта
5. кинотеа́тр
6. са́уна
7. бассе́йн
8. бюро́ экску́рсий

a. Post
b. Kino
c. Schwimmbad
d. Büfett
e. Souvenirs
f. Bank
g. Ausflugsbüro
h. Sauna

35

Lektion 3

II.
1. парикма́херская
2. фру́кты
3. молоко́
4. конди́терская
5. апте́ка
6. я́рмарка
7. поликли́ника
8. сигаре́ты

a. Zigaretten
b. Apotheke
c. Poliklinik
d. Obst
e. Friseursalon
f. Milch
g. Konditorei
h. Jahrmarkt

III.
1. Ленингра́дское шоссе́
2. проспе́кт Кали́нина
3. у́лица Ге́рцена
4. Тверско́й бульва́р
5. Моско́вская консервато́рия
6. Библиоте́ка им.[1] Ле́нина
7. Парк культу́ры
8. Большо́й теа́тр

a. Moskauer Konservatorium
b. Kulturpark
c. Leningrader Chaussee
d. Bolschoj Theater
e. Kalininprospekt
f. Herzen-Straße
g. Leninbibliothek
h. Twerskoj Boulevard

IV.
1. Но́вый драмати́ческий теа́тр
2. Зоологи́ческий музе́й
3. планета́рий
4. Музе́й револю́ции
5. Центра́льный конце́ртный зал
6. Теа́тр сати́ры
7. кинотеа́тр „Октя́брь"
8. музе́й им.[1] Пу́шкина

a. Satiretheater
b. Puschkinmuseum
c. Neues Dramatisches Theater
d. Kino „Oktober"
e. Zoologisches Museum
f. Revolutionsmuseum
g. Planetarium
h. Zentraler Konzertsaal

---

[1] Diese häufig anzutreffende Abkürzung ist и́мени auszusprechen und bedeutet *mit Namen, namens*

Lektion 3

5. *Wie lautet die Frage nach folgenden Personen oder Begriffen?*
(Beispiel: артист - Кто это?; билет - Что это?*)*

a. профессор
b. вагон
c. декларация
d. фирма
e. конструктор
f. мелодия
g. дипломат
h. инженер
i. процент
j. музыкант
k. метро
l. университет

6. *Stellen Sie die Frage* Что это? *oder* Кто это? *und antworten Sie:*
Beispiel:

Что это?
Это телефон.

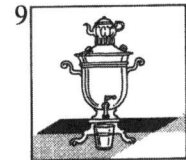

Lektion 4

Text A

Здра́вствуйте!

- Здра́вствуйте, Анто́н Па́влович. — Guten Tag, Anton Pawlowitsch.
- Здра́вствуйте, Серге́й Ива́нович. — Guten Tag, Sergej Iwanowitsch.
- Здра́вствуй, Ни́ночка. — Guten Tag, Ninotschka.
- Здра́вствуйте. — Guten Tag.
- Приве́т, Са́ша. — Hallo, Sascha.
- Здра́вствуйте. — Guten Tag.
- Здра́вствуйте, Валенти́на Андре́евна. — Guten Tag, Walentina Andrejewna.
- Здра́вствуйте, здра́вствуйте. — Guten Tag, guten Tag.
- Серёжа, приве́т. — Serjoscha, grüß dich.

Erklärungen

Begrüßung

Здра́вствуйте!	ist die offizielle, für alle Tageszeiten gültige Begrüßungsformel. Wörtlich bedeutet sie *Seien Sie (Seid) gesund*. Achtung: In der Konsonantenverbindung вств wird das erste в nicht mitgesprochen.
Здра́вствуй!	sagt man, wenn man einen Freund oder Familienangehörigen begrüßt. Es ist die Duzform zu Здра́вствуйте. Auch hier wird das erste в nicht gesprochen.
Приве́т!	ist eine umgangssprachlich-familiäre Begrüßung (wörtlich: *Gruß*) und entspricht unserem *Hallo* oder *Grüß dich*.

Wenn Sie nicht sicher sind, ob Sie mit jemandem schon per „Du" sind, sollten Sie ihn in jedem Fall siezen. Die Russen untereinander duzen sich nur mit engen Freunden und Familienmitgliedern.

Lektion 4

Wie man jemanden vorstellt

Als Astrid die Reiseteilnehmer namentlich vorstellen will, benutzt sie verschiedene Formulierungen:

Познако́мьтесь, пожа́луйста!	*Machen Sie sich bitte miteinander bekannt.* Achtung: In пожа́луйста *(bitte)* wird уй nicht gesprochen.
И сейча́с разреши́те предста́вить ...	*Und jetzt gestatten Sie, daß ich vorstelle...* oder *Darf ich vorstellen?* (wörtlich: *Und jetzt gestatten Sie vorzustellen*).
Я представля́ю ...	*Ich stelle vor...*

Abschied

До свида́ния!	*Auf Wiedersehen.* Achtung: Eine Präposition wird normalerweise mit dem folgenden Wort zusammenhängend gesprochen, до wird deshalb wie eine unbetonte Vorsilbe behandelt und das о deshalb wie ein kurzes a gesprochen.
Пока́!	*Tschüß! / Bis bald!*

Text B

Познако́мьтесь, пожа́луйста!

– Анто́н Па́влович Ме́льников.
– Алекса́ндр Анто́нович Ме́льников.
– Серге́й Анто́нович Ме́льников.
– Людми́ла Петро́вна Ме́льникова.

Anton Pawlowitsch Melnikow.
Aleksandr Antonowitsch Melnikow.
Sergej Antonowitsch Melnikow.
Ljudmila Petrowna Melnikowa.

Lektion 4

- Еле́на Степа́новна Попо́ва.
- Екатери́на Миха́йловна Шува́лова.
- Серге́й Ива́нович Кузнецо́в.
- Валенти́на Андре́евна Кузнецо́ва.
- Ни́на Серге́евна Кузнецо́ва.

Jelena Stepanowna Popowa.
Jekaterina Michajlowna Schuwalowa.
Sergej Iwanowitsch Kusnezow.
Walentina Andrejewna Kusnezowa.
Nina Sergejewna Kusnezowa.

Erklärungen

Russische Namen

Im Deutschen gibt es den Vor- bzw. Rufnamen, eventuell weitere Vornamen sowie den Nach- bzw. Familiennamen. Die Russen haben normalerweise keine Doppelnamen, weder beim Vornamen noch beim Nachnamen. Dafür führen sie grundsätzlich zu ihrem Vor- und Nachnamen den sog. Vatersnamen. Z.B.:

и́мя	о́тчество	фами́лия
Vorname	*Vatersname*	*Nachname*
Ива́н	Миха́йлович	Па́влов
Константи́н	Никола́евич	Ка́рпов
Мари́я	Анто́новна	Па́влова
Лари́са	Серге́евна	Ка́рпова

Der Familienname

Während die männliche Form des Familiennamens meist endungslos ist (Па́влов_), hat die weibliche Form die Endung -**а** (Па́влова).
Wenn von den Pawlows die Rede ist, wird die Pluralendung -**ы** angehängt (Па́вловы, Мари́я и Ива́н Па́вловы).
Bei der Heirat übernimmt in der Regel die Frau den Nachnamen des Mannes.

Zu offiziellen Anlässen, wenn der ganze Name genannt werden soll, steht meistens der Familienname an erster Stelle. Auch auf Formularen, Dokumenten, Visitenkarten etc. ist diese Reihenfolge vorgegeben: фами́лия - и́мя - о́тчество.

Lektion 4

Der Vatersname

Die Ableitung des Vatersnamens vom Vornamen des Vaters folgt einfachen Gesetzen: Endet der Vorname des Vaters auf einen harten Konsonanten, wird an ihn die Endung **-ович** für den Vatersnamen des Sohnes und **-овна** für den Vatersnamen der Tochter angehängt. Bei Namen mit weichem Auslaut entfällt dieser Auslaut, und statt dessen wird **-евич** bzw. **-евна** angehängt.

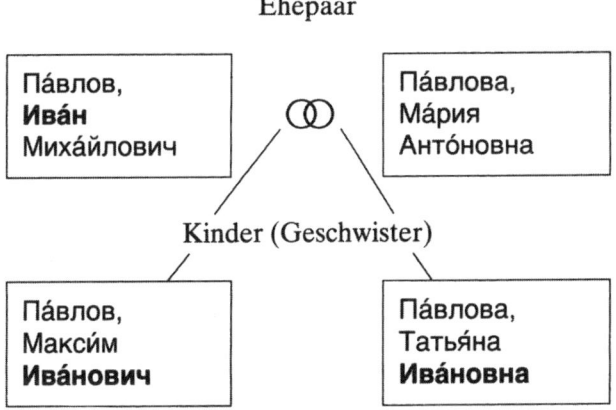

	Vorname des Vaters	Vatersname des Sohnes	Vatersname der Tochter
harter Stammauslaut	Иван Борис	Иванович Борисович	Ивановна Борисовна
weicher Stammauslaut	Николай Сергей Игорь	Николаевич Соргеевич Игоревич	Николаевна Сергеевна Игоревна

Lektion 4

Beachten Sie auch folgende **Sonderformen**:

Vorname des Vaters	Vatersname des Sohnes	Vatersname der Tochter
Васи́лий	Васи́льевич	Васи́льевна
Ю́рий	Ю́рьевич	Ю́рьевна
Па́вел	Па́влович	Па́вловна
Пётр	Петро́вич	Петро́вна

Bei der schnellen Aussprache der männlichen Form des Vatersnamens wird häufig das -ов bzw. -ев verschluckt. Sie hören dann nur Анто́н(ов)ич, Серге́(ев)ич.

Der Vorname

Sehr beliebt ist in Rußland der Gebrauch von **Kurzformen** des Vornamens bzw. von **Kosenamen**. Hier eine kleine Auswahl:

Vorname - Kosename

А́нна - А́ня
Валенти́на - Ва́ля
Гали́на - Га́ля
Екатери́на - Ка́тя
Елизаве́та - Ли́за
Зинаи́да - Зи́на
Ири́на - И́ра
Ли́дия - Ли́да
Любо́вь - Лю́ба
Людми́ла - Лю́да/Ми́ла
Мари́я - Ма́ша
Наде́жда - На́дя
Ната́лья - Ната́ша
О́льга - О́ля
Светла́на - Све́та
Со́фья - Со́ня
Татья́на - Та́ня

Алекса́ндр - Са́ша
Алексе́й - Алёша
Бори́с - Бо́ря
Влади́мир - Воло́дя
Васи́лий - Ва́ся
Григо́рий - Гри́ша
Дми́трий - Ди́ма/Ми́тя
Евге́ний - Же́ня
Ива́н - Ва́ня
Константи́н - Ко́стя
Михаи́л - Ми́ша
Никола́й - Ко́ля
Пётр - Пе́тя
Серге́й - Серёжа
Степа́н - Стёпа
Фёдор - Фе́дя
Ю́рий - Ю́ра

Lektion 4

Anrede

Die Anrede **товáрищ Мéльников** *(Genosse Melnikow)* wird heutzutage immer ungebräuchlicher. Meistens reden sich die Russen mit Vor- und Vaternsnamen an, also z.B. Антóн Пáвлович, Людмѝла Петрóвна.
Im Umgang mit Ausländern sagen sie **господѝн** *(Herr)* und **госпожá** *(Frau)*, also z.B. господѝн Шмидт, госпожá Мюллер. Wenn man sich duzt, genügt natürlich der Vorname oder ein Kosename bei der Anrede.
Wenden sich die Russen an jemanden, dessen Namen sie nicht kennen, sagen sie **граждани́н** bzw. **граждáнка** (wörtl.: *Bürger / Bürgerin;*, als Anrede: *mein Herr / meine Dame*).
Nicht ganz so offiziell, aber durchaus freundlich klingt in solchen Fällen auch die weitverbreitete Form der Anrede **молодóй человéк** *(junger Mann)* und **дéвушка** *(Mädchen, Fräulein, junge Frau)*. Dabei spielt es keine Rolle, ob die gemeinte Person 16 oder 60 Jahre alt ist. Jeder darf sich angesprochen fühlen.
Der Nachname wird relativ selten genannt; üblich ist er in Verbindung mit Titeln: дóктор Гóрский, профéссор Смирнóв.
Kinder werden geduzt und mit dem Vornamen angeredet.

Text C

Все собралѝсь?

Гид = Reiseleiter(in)
Х. = Хéйкки = Heikki
Все = alle
Н. = Николáй = Nikolaj
Пр. = Продавщѝца = Verkäuferin

Гид	Здрáвствуйте!	Guten Tag!
Все	Здрáвствуйте!	Guten Tag!
Гид	Все собралѝсь?	Sind alle da?
Все	Все.	Alle.
Гид	Провéрим.	Schauen wir mal.
	Кузнецóв, Сергéй Ивáнович.	Kusnezow, Sergej Iwanowitsch.
–	Да, я тут.	Ja, ich bin hier.

Lektion 4

Гид	Кузнецо́ва, Валенти́на Андре́евна.	Kusnezowa, Walentina Andrejewna.
–	Есть.	Ist da.
Гид	Кузнецова, Ни́на Серге́евна.	Kusnezowa, Nina Sergejewna.
–	Да.	Ja.
Гид	Ме́льников, Анто́н Па́влович.	Melnikow, Anton Pawlowitsch.
–	Есть.	Ist da.
Гид	Ме́льникова, Людми́ла Петро́вна.	Melnikowa, Ljudmila Petrowna.
–	Я тут.	Ich bin hier.
Гид	Ме́льников, Серге́й Анто́нович.	Melnikow, Sergej Antonowitsch.
–	Тут.	Hier.
Гид	Ме́льников, Алекса́ндр Анто́нович.	Melnikow, Aleksandr Antonowitsch.
–	Да.	Ja.
Гид	Петро́в, Ю́рий Бори́сович.	Petrow, Jurij Borisowitsch.
–	Здесь он.	Hier ist er.
–	Да.	Ja.
Гид	Петро́в, Ю́рий Бори́сович.	Petrow, Jurij Borisowitsch.
–	Ну, я здесь.	Nun, ich bin hier.
Гид	Петро́ва, Ни́на Алекса́ндровна.	Petrowa, Nina Aleksandrowna.
–	Я здесь.	Ich bin hier.
Гид	Попо́ва, Еле́на Степа́новна.	Popowa, Jelena Stepanowna.
–	Э́то я.	Das bin ich.
Гид	Шува́лова, Екатери́на Миха́йловна.	Schuwalowa, Jekaterina Michajlowna.
–	Я здесь.	Ich bin hier.
Гид	За́йцев, Никола́й Алексе́евич. За́йцев, Никола́й Алексе́евич? Нет? Оди́н, два, три ...	Sajzew, Nikolaj Aleksejewitsch. Sajzew, Nikolaj Aleksejewitsch? Nein? Eins, zwei, drei ...

Х.	Четы́ре.	Vier.
Гид	Оди́н, два, три, четы́ре, пять, шесть, семь, во́семь, де́вять, де́сять. А где За́йцев?	Eins, zwei, drei, vier, fünf, sechs, sieben, acht, neun, zehn. Und wo ist Sajzew?

Н.	Jäätelö!	Jäätelö (*finnisch für Eis*)!
Пр.	Моро́женое?	Eis?
Н.	Да, моро́женое.	Ja, ein Eis.
Пр.	Како́е вам? Вани́льное, шокола́дное, менто́ловое?	Was für eins möchten Sie? Vanille, Schokolade, Menthol?
Н.	Шокола́дное.	Schokolade.
Пр.	Шокола́дное ... 57 (пятьдеся́т семь).	Schokolade ... 57.
Н.	Пожа́луйста.	Bitte schön.
Пр.	Спаси́бо ... пожа́луйста.	Danke ... bitte sehr.
Н.	Спаси́бо вам.	Ich danke Ihnen.
Гид	... За́йцев, Никола́й Алексе́евич!	... Sajzew, Nikolaj Aleksejewitsch!
Н.	Всё в поря́дке, За́йцев здесь.	Alles in Ordnung, Sajzew ist hier.

Lektion 4

Neue Wörter

все	alle	четы́ре	vier
все собрали́сь?	Sind alle da? *wörtl.:* Haben Sich alle versammelt?	пять	fünf
		шесть	sechs
		семь	sieben
гид	Reiseleiter(in)	во́семь	acht
продавщи́ца	Verkäuferin	де́вять	neun
прове́рим	*wörtl.:* (wir) überprüfen	де́сять	zehn
		а	und, aber
да	ja	где	wo
я	ich	моро́женое	Speiseeis
тут	hier	како́е	welches, was für ein
есть	es gibt, ist da	вам	Ihnen
здесь	hier	вани́льное	Vanille(eis)
он	er	шокола́дное	Schokoladen(eis)
э́то я	das bin ich	менто́ловое	Menthol(eis)
нет	nein	пожа́луйста	bitte
оди́н	eins	спаси́бо	danke
два	zwei	всё в поря́дке	alles in Ordnung
три	drei		

Erklärungen

Das Präsens des Hilfsverbs „sein"

In Lektion 3 wurde erklärt, daß die Russen im Präsens ohne das Hilfsverb „sein" auskommen. Wenn man aber dieses „sein" betonen will oder wenn man ausdrücken will, daß jemand oder etwas <u>vorhanden</u> ist, gebraucht man die Form **есть**.

– Кузнецо́ва, Валенти́на Андре́евна? – *Kusnezowa, Walentina Andrejewna?*

– Есть. – *Ist da.*

Die Grundzahlen von 1 bis 10

1 оди́н	4 четы́ре	7 семь	10 де́сять
2 два	5 пять	8 во́семь	
3 три	6 шесть	9 де́вять	

Lektion 4

Übungen

1. *Leiten Sie von folgenden Vornamen die männliche und die weibliche Form des Vatersnamens ab. Schreiben Sie die Vatersnamen zur Übung auch in Schreibschrift:*

Beispiel: Адáм → Адáмович, Адáмовна

a. Три́фон
b. Мирослáв
c. Леони́д
d. Ромáн
e. И́горь
f. Архи́пп
g. Олéг
h. Лáзарь
i. Емельян
j. Алексéй

2. *Rekonstruieren Sie aus folgenden Vatersnamen den Vornamen des Vaters:*

Beispiel: Степáновна → Степáн

a. Геóргиевич
b. Мстислáвовна
c. Ярослáвович
d. Терéнтиевна
e. Фили́пповна
f. Кири́ллович
g. Вячеслáвович
h. Андрéевич
i. Федóтовна
j. Анатóлиевич

3. *Ordnen Sie die folgenden Namensteile nach der offiziellen Reihenfolge:*
1. фами́лия - 2. и́мя - 3. óтчество

Beispiel: ¹Пéрова ³Петрóвна ²Павли́на

a. Ромáнович
b. Ивáн
c. Ю́рий
d. Любоми́ровна
e. Пýшкин
f. Николáевна
g. Óльга

Ромáн
Ивáнович
Макси́мов
Лихачёва
Сергéевич
Надéжда
Óзерова

Ромáнов
Ивáнов
Акрáдиевич
Любóвь
Алексáндр
Некрáсова
Валенти́новна

Lektion 4

4. *Übersetzen Sie zwei kurze Telefongespräche:*
   a. **К.:** Алло́? Здесь Ко́ля. Э́то ты *(du)*, Ма́ша?
      М.: Да, э́то я. Здра́вствуй, Ко́ля!
      К.: Приве́т, Ма́ша! Как дела́? *(Wie geht's?)*
      М.: Спаси́бо, хорошо́. Всё в поря́дке.
      К.: Ну пока́! До свида́ния.
      М.: До свида́ния.
   b. **А.П.:** Алло́? Здра́встсвуйте!
      Н.С.: Здра́вствуйте!
      А.П.: Здесь Анто́н Па́влович. Вы *(Sie)* Валенти́на Андре́евна Кузнецо́ва?
      Н.С.: Нет. Я Ни́на Серге́евна Кузнецо́ва, до́чка *(die Tochter)*. Кто вы?
      А.П.: Я профе́ссор Ме́льников. Где твоя́ *(deine)* ма́ма?
      Н.С.: Здесь, пожа́луйста ...
      А.П.: Спаси́бо, до свида́ния ...

5. *Erstellen Sie aus den in den Lektionstexten 4.A, B, C, genannten Namen eine vollständige, nach dem kyrillischen Alphabet geordnete Liste der 12 Reiseteilnehmer:*

   1. За́йцев, Никола́й Алексе́евич
   2. Кузнецо́в, ...

Lektion 5

Text

Очень приятно

X. = Хе́йкки = Heikki
H. = Никола́й = Nikolaj
K. = Ка́лью = Kalju
Ю. Б. = Ю́рий Бори́сович = Jurij Borissowitsch
Н. А. = Ни́на Алекса́ндровна = Nina Aleksandrowna

X.	Оди́н, два, три, четы́ре, пять ... Извини́те ... Здра́вствуйте!	Eins, zwei, drei, vier, fünf ... Entschuldigen Sie ... Guten Tag!
H.	Здра́вствуйте!	Guten Tag!
X.	Я ... ме́сто но́мер пять ... Извини́те ... Я Хе́йкки Ки́ннунен.	Ich ... Platz Nummer fünf ... Entschuldigen Sie ... Ich bin Heikki Kinnunen.
H.	За́йцев, Никола́й Алексе́евич. О́чень прия́тно!	Sajzew, Nikolaj Aleksejewitsch. Sehr angenehm!
H.	О́чень прия́тно!	Sehr angenehm!
H.	А э́то Ка́лью Ярв.	Und das ist Kalju Järw.
K.	Да, меня́ зову́т Ка́лью Ярв.	Ja, ich heiße Kalju Järw.
X.	Ярв? Финн?	Järw? Finne?
K.	Нет, я не финн.	Nein, ich bin kein Finne.
H.	Нет, он не финн ... и не ру́сский. Он эсто́нец.	Nein, er ist kein Finne ... und auch kein Russe. Er ist Este.
X.	Ах, эсто́нец!	Ah, Este!
K.	Да.	Ja.
X.	О́чень прия́тно, Ка́лью! Меня́ зову́т Хе́йкки Ки́ннунен. Я финн.	Sehr angenehm, Kalju! Ich heiße Heikki Kinnunen. Ich bin Finne.
K.	О́чень прия́тно, Хе́йкки!	Sehr angenehm, Heikki!
X.	О́чень прия́тно!	Sehr angenehm!

Lektion 5

Ю.Б.	... Здра́вствуйте!	... Guten Tag!
Все	Здра́вствуйте!	Guten Tag!
Ю.Б.	Так, ме́сто но́мер ... шесть!	So, Platz Nummer ... sechs!
Х.	Ме́сто но́мер шесть?	Platz Nummer sechs?
Н.А.	Да, а у меня́ семь.	Ja, und ich habe die Sieben.
Н.	Шесть и семь. А у меня́ ме́сто но́мер во́семь. Зна́чит, э́то ме́сто но́мер семь. Сади́тесь, пожа́луйста!	Sechs und sieben. Und ich habe Platz Nummer acht. Also, das ist Platz Nummer sieben. Setzen Sie sich, bitte!
Н.А.	Спаси́бо!	Danke!
Ю.Б.	А я?	Und ich?
Н.	Мину́точку. Хе́йкки, како́е у вас ме́сто?	Einen Augenblick. Heikki, welchen Platz haben Sie?
Х.	А-а! Ме́сто но́мер пять. Вот биле́т, ме́сто но́мер пять.	Ah! Platz Nummer fünf. Hier ist die Fahrkarte, Platz Nummer fünf.
Н.	Да, пять. Ка́лью, а у вас како́е ме́сто?	Ja, fünf. Kalju, und welchen Platz haben Sie?
К.	Ка́жется, но́мер шесть.	Anscheinend Nummer sechs.
Н.	Покажи́те, пожа́луйста, ваш биле́т.	Zeigen Sie bitte Ihre Fahrkarte.
К.	Вот, пожа́луйста!	Hier, bitte!
Н.	А-а, вы меня́ извини́те, Ка́лью, но э́то не шесть, а де́вять.	Ah, entschuldigen Sie mich, Kalju, aber das ist keine Sechs, sondern eine Neun.
К.	Де́вять? Покажи́те! Да, де́вять ... Извини́те, пожа́луйста! Сади́тесь, пожа́луйста!	Neun? Zeigen Sie! Ja, neun ... Entschuldigen Sie, bitte! Setzen Sie sich bitte!
Ю.Б.	Спаси́бо ... вы уж извини́те ... Э́то ваш бага́ж?	Danke ... entschuldigen Sie bitte ... Ist das Ihr Gepäck?
К.	Да, мой ...	Ja meins ...

Lektion 5

Ю.Б.	Ну, что ж, давáйте знакóмиться! Меня́ зову́т Ю́рий Бори́сович Петрóв.	Nun, also, machen wir uns miteinander bekannt! Ich heiße Jurij Borissowitsch Petrow.
X.	Óчень прия́тно.	Sehr angenehm.
Ю.Б.	А э́то моя́ женá. Её зову́т Ни́на Алексáндровна.	Und das ist meine Frau. Sie heißt Nina Aleksandrowna.
Н.А.	Петрóва. Здрáвствуйте.	Petrowa. Guten Tag.
X.	Здрáвствуйте.	Guten Tag.
Н.А.	А как вас зову́т?	Und wie heißen Sie?
X.	Багáж?	Gepäck?
Н.А.	Как вас зову́т?	Wie heißen Sie?
X.	Меня́?	Ich?
Н.	Егó зову́т Хéйкки. Он финн.	Er heißt Heikki. Er ist Finne.
X.	Да, да, меня́ зову́т Хéйкки Ки́ннунен. Я финн.	Ja, ja, ich heiße Heikki Kinnunen. Ich bin Finne.
Н.А.	Ах, Хéйкки! Óчень прия́тно!	Ah, Heikki! Sehr angenehm!
X.	Я тóже.	Ich auch.
Н.	Нет, мне тóже.	Nein, mir auch.
X.	Мне тóже!	Mir auch!

Lektion 5

Neue Wörter

Im Text:

о́чень	sehr	Покажи́те, пожа́луйста!	Zeigen Sie bitte!
прия́тно *Adv.*	angenehm	ваш	euer; Ihr
Извини́те!	Entschuldigen Sie!	вот	hier, da, nun
ме́сто	Platz, Ort	Вы меня́ извини́те, ...	Sie entschuldigen mich, ...
но́мер	Nummer		
меня́ зову́т	ich heiße	но	aber
финн	Finne	а	und, aber
не	nicht, kein	уж	schon; wirklich
ру́сский	Russe; russisch	бага́ж	Gepäck
эсто́нец	Este	мой	mein
так	so	ну	nun
у + *Gen.*	bei	что ж	also; was (ist) denn (dabei)
у меня́	ich habe; *wörtl.* bei mir (ist)		
зна́чит	das heißt; also	дава́йте	lassen Sie uns
Сади́тесь, пожа́луйста!	Setzen Sie sich bitte!	знако́миться	sich bekanntmachen
Мину́точку!	Moment! *wörtl.* Ein Minütchen!	моя́	meine
		её зову́т ...	sie heißt ...
у вас	ihr habt; Sie haben	его́ зову́т ...	er heißt ...
ка́жется	anscheinend	мне то́же	mir auch

Im Erklärungsteil:

до́брый-, -ая, -ое *Adj.*	gut	францу́з	Franzose
у́тро	Morgen	америка́нец	Amerikaner
день *m.*	Tag	како́й, -а́я, -о́е *Adj.*	welcher, was für ein
ве́чер	Abend	биле́т	Fahrkarte; Eintrittskarte
жена́	Ehefrau		
А́ня	Anja	фру́кты	Früchte, Obst
купе́	Coupé	как	wie
не́мец	Deutscher	Как вас зову́т?	Wie heißen Sie?
англича́нин	Engländer	тебя́ зову́т	du heißt

Erklärungen

Begrüßung

Außer den Ihnen schon bekannten Ausdrücken **Здра́вствуйте!** und **Приве́т!** gibt es noch – wie bei uns – Begrüßungsformen, die an die Tageszeit gebunden sind:

Lektion 5

Доброе у́тро!	Guten Morgen!
До́брый день!	Guten Tag!
До́брый ве́чер!	Guten Abend!

Genus (Geschlecht) der Substantive

Genauso wie das deutsche Substantiv hat auch das russische Substantiv ein grammatisches Geschlecht. Es ist entweder **maskulinum** *(männlich, abgekürzt mit* **m.**)*,* **femininum (weiblich, f.)** oder **neutrum (sächlich, n.)**. Das Genus eines russischen Substantivs stimmt nicht immer mit dem Genus des entsprechenden deutschen Substantivs überein. So ist z.B. *das Haus* sächlich, im Russischen dagegen männlich: дом. Wir sagen *die Metro/U-Bahn*, im Russischen ist метро́ sächlich.
Das Genus der russischen Substantive läßt sich häufig an der Endung ablesen. Eine vorläufige Regel heißt:

Substantive, die im Nominativ auf einen **harten Konsonanten** enden oder die eine männliche Person bezeichnen, sind **männlich**,
Substantive, die auf **-а** oder **-я** enden, sind **weiblich**,
und Substantive, die auf **-о** oder **-е** enden, sind **sächlich**.
Eine häufige **Pluralendung** ist **-ы**.

Genus	Nominativ Substantivendung	Nominativ Beispielwort
m.	–	но́мер
f.	-а -я	жена́ А́ня
n.	-о -е	ме́сто купе́

Das russische Adjektiv richtet sich in Genus, Kasus und Numerus *(Singular oder Plural)* nach dem Substantiv, auf das es sich bezieht. So erklären sich auch die unterschiedlichen Endungen von до́бр**ый** ве́чер und до́бр**ое** у́тро.

53

Lektion 5

Nationalitäten

Zusätzlich zu den im Zugabteil vertretenen Nationalitäten sollten Sie noch einige weitere wichtige Nationalitätenbezeichnungen lernen:

не́мец *Deutscher*   **англича́нин** *Engländer*   **францу́з** *Franzose*
америка́нец *Amerikaner.*

Die maskulinen-, femininen- und Pluralformen lauten folgendermaßen:

он	она́	они́
финн	фи́нка	фи́нны
ру́сский	ру́сская	ру́сские
эсто́нец	эсто́нка	эсто́нцы
не́мец	не́мка	не́мцы
англича́нин	англича́нка	англича́не
францу́з	францу́женка	францу́зы
америка́нец	америка́нка	америка́нцы

Das Fragepronomen како́й

Das Fragepronomen **како́й** *(welcher, was für ein)* richtet sich wie ein Adjektiv in Genus, Kasus und Numerus nach dem Substantiv, auf das es sich bezieht bzw. zu dem gefragt wird.
Im Nominativ weist es folgende Endungen auf (die Pluralendung gilt für alle drei Geschlechter):

Nom. Sing. m	како́й	*welcher*
Nom. Sing. f.	кака́я	*welches*
Nom. Sing. n.	како́е	*welche*
Nom. Plur.	каки́е	*welche*

Како́й э́то биле́т?   *Was für eine Fahrkarte ist das?*
Кака́я э́то дие́та?   *Was für eine Diät ist das?*
Како́е э́то ме́сто?   *Welcher Platz ist das?*
Каки́е э́то фру́кты?   *Welche Früchte sind das?*

Lektion 5

„Wie heißen Sie?" - „Ich heiße ..."

Как вас зовут?	Wie heißen Sie?
Как тебя зовут?	Wie heißt du?
Меня зовут Анна.	Ich heiße Anna.

Wörtlich übersetzt bedeutet **Как вас зовут?** *Wie ruft / nennt man Sie?* Bei den Formen **вас, тебя** und **меня** handelt es sich deshalb um den Akkusativ der Personalpronomen.

Die Personalpronomen im Nominativ und Akkusativ

Nominativ		Akkusativ	
я	ich	меня	mich
ты	du	тебя	dich
он	er	его	ihn
она	sie	её	sie
оно	es	его	es
мы	wir	нас	uns
вы	ihr / Sie	вас	euch / Sie
они	sie	их	sie

Achten Sie auf die Aussprache: Das unbetonte e in **меня, тебя, его** und **её** wird wie (^{j}) i gesprochen.
Das г in **его** wird wie w ausgesprochen.

у + Genitiv *(haben)*

У меня место номер пять.	Ich habe Platz Nummer fünf.
У него билет.	Er hat eine Fahrkarte.
У нас вагон номер десять.	Wir haben den Waggon Nummer zehn.
Какое у вас место?	Welchen Platz haben Sie?

Zum Ausdruck von *haben / besitzen* verwendet man im Russischen die Konstruktion **у** *(bei)* + **Genitiv**. Demnach heißt у меня wörtlich *bei mir (ist)* bzw. einfach *ich habe*.

Lektion 5

Genitiv der Personalpronomen

Bei den Personalpronomen sind die Formen des Genitivs und des Akkusativs identisch. Steht vor dem Personalpronomen eine Präposition (wie hier y), so wird der leichteren Aussprache wegen vor die Pronomen, die mit einem Vokal anfangen, ein н gesetzt:
его - у него; её - у неё; их - у них.

Nützliche Redewendungen

Entschuldigung:
Извините, пожалуйста, ...	*Entschuldigen Sie bitte, ...*
Извини, ...	*Entschuldige, ...*
Вы меня извините, ...	*Sie entschuldigen mich, ...*
Пожалуйста, ничего.	*Bitte sehr, keine Ursache / macht nichts.*

Dank:
Спасибо!	*Danke!*
Большое спасибо!	*Vielen Dank!*
Благодарю (вас)!	*Ich danke (Ihnen)!*

Vorstellen:
Разрешите представить ...	*Darf ich vorstellen ...*
Давайте знакомиться ...	*Machen wir uns miteinander bekannt ...*
Меня зовут ...	*Ich heiße ...*
А это моя жена.	*Und das ist meine Frau.*
Очень приятно.	*Sehr angenehm.*
Мне тоже.	*Mir auch.*

Freundliche Aufforderungen:
Садитесь, пожалуйста!	*Setzen Sie sich bitte! / Nehmen Sie bitte Platz!*
Покажите, пожалуйста ...	*Zeigen Sie bitte ...*
Скажите, пожалуйста, ...	*Sagen Sie bitte, ...*

Lektion 5

Übungen

1. *Stellen Sie fest, wer jeweils in den drei Familien der Großvater, der Vater, die Mutter, der Sohn und die Tochter ist:*

   a. 1. Владимир Константинович Суслов
      2. Константин Борисович Суслов
      3. Зинаида Кирилловна Суслова
      4. Евгения Константиновна Суслова
      5. Борис Богданович Суслов

   b. 1. Сергей Осипович Семёнов
      2. Семён Сергеевич Семёнов
      3. Семён Семёнович Семёнов
      4. Зоя Семёновна Семёнова
      5. Светлана Степановна Семёнова

   c. 1. Варвара Валентиновна Григорьева
      2. Валентина Васильевна Григорьева
      3. Валентин Викторович Григорьев
      4. Виктор Ефимович Григорьев
      5. Вадим Валентинович Григорьев

2. *Lesen Sie die Wörter und Begriffe und streichen Sie das Wort aus, das inhaltlich oder grammatisch nicht dazugehört:*

   Als Beispiel siehe Lektion 1, Übung 3 und Lektion 2, Übung 7

   a. Евгений - Елизавета - Евгения - Александра - Марина
   b. драматический театр - молодой человек - минералогический музей - центральная поликлиника - специальная школа
   c. здравствуйте - доброе утро - до свидания - привет - добрый вечер
   d. кто - где - что - как - вот
   e. четыре - шесть - семь - здесь - пять
   f. шоссе - купе - вагон - место - билет
   g. их - щи - её - нас - меня
   h. бифштекс - ростбиф - филе - котлеты - картофель
   i. садитесь - извините - добрый день - покажите - скажите
   j. Саша - Миша - Гриша - Коля - Маша
   k. эстонец - англичанин - русская - немец - финн

Lektion 5

3. *Welches ist die richtige Antwort auf die gestellte Frage? Kreuzen Sie an:*

1. Скажи́те, пожа́луйста, как вас зову́т?
   - [a] У меня́ ме́сто но́мер пять.
   - [b] Меня́ зову́т Никола́й Алексе́евич.
   - [c] О́чень прия́тно.

2. Извини́те, пожа́луйста, где ваго́н но́мер три?
   - [a] Да, э́то рестора́н.
   - [b] Познако́мьтесь, пожа́луйста, э́то Дми́трий.
   - [c] Вот здесь но́мер три.

3. Извини́те, како́е у вас ме́сто?
   - [a] Э́то ме́сто но́мер семь.
   - [b] Мину́точку, вот мой биле́т: у меня́ ме́сто но́мер шесть.
   - [c] Спаси́бо, мне то́же.

4. *Sagen Sie auf russisch, welche Nationalitäten die folgenden Personen haben:*

a. Жане́т

b. Джон и Ме́ри

c. И́нгрид

d. Ни́на и Вади́м

e. Джейн

f. Хе́йкки

Lektion 5

5. *Setzen Sie die richtigen Formen (Akkusativ oder Genitiv) der Personalpronomen ein:*
   Beispiel: Какое у ...... (он) место? → Какое у него место?
   a. Это моя жена. ...... (Она) зовут Нина.
   b. У ...... (она) место номер шесть, а у ...... (я) место номер семь.
   c. Мы студенты. ...... (Мы) зовут Андрей и Лариса.
   d. Какие у ...... (вы) проблемы?
   e. Какая у ......(ты) фамилия?
   f. Это туристы. ...... (Они) зовут Антон Павлович и Елена Степановна.
   g. Кто это? Это тоже турист. ......(он) зовут Хейкки Киннунен.
   h. У ...... (они) билеты.
   i. Вы ...... (я) извините.

6. *Bestimmen Sie das Geschlecht der folgenden russischen Substantive:*

   a. ананас
   b. девушка
   c. молоко
   d. ландшафт
   e. хаос
   f. идея
   g. интерес
   h. купе
   i. машина
   j. планета
   k. бассейн
   l. бутерброд
   m. шоссе
   n. университет
   o. библиотека
   p. элемент
   q. энергия
   r. вино
   s. апельсин
   t. шоколад
   u. утро
   v. проблема
   w. анализ
   x. витамин
   y. кино
   z. альбом

Lektion 6

Text A

Вы говори́те по-ру́сски?

Х. = Хе́йкки = Heikki
Н. = Никола́й = Nikolaj
Ю. Б. = Ю́рий Бори́сович = Jurij Borissowitsch
Н. А. = Ни́на Алекса́ндровна = Nina Aleksandrowna

Ю. Б.	Зна́чит, Хе́йкки, вы финн?	Also, Heikki, Sie sind Finne?
Х.	Да.	Ja.
Ю. Б.	И хорошо́ говори́те по-русски.	Und Sie sprechen gut russisch.
Х.	Нет, о́чень пло́хо. А вы ... Do you speak English?	Nein, sehr schlecht. Und Sie ... Sprechen Sie englisch?
Н.	Вы говори́те по-англи́йски?	Sprechen Sie englisch?
Х.	Да, вы говори́те по-англи́йски?	Ja, sprechen Sie englisch?
Ю. Б.	Нет, к сожале́нию. Я говорю́ то́лько по-русски.	Nein, leider nicht. Ich spreche nur russisch.
Х.	А вы, Ю́рий Алексе́евич?	Und Sie, Jurij Aleksejewitsch?
Н.	Нет, я не Ю́рий. Я Никола́й Алексе́евич.	Nein, ich bin nicht Jurij. Ich bin Nikolaj Aleksejewitsch.
Ю. Б.	Это я Ю́рий. Меня́ зову́т Ю́рий Бори́сович.	Ich bin Jurij. Ich heiße Jurij Borissowitsch.
Х.	Извини́те. – Это о́чень тру́дно. – Скажи́те, скажи́те, Никола́й Алексе́евич, вы говори́те по-англи́йски или по-неме́цки?	Entschuldigen Sie. – Das ist sehr schwer. – Sagen Sie, sagen Sie, Nikolaj Aleksejewitsch, sprechen Sie englisch oder deutsch?

Lektion 6

Н.	Нет, я не говорю по-немецки. Немного понимаю по-английски.	Nein, ich spreche kein Deutsch. Ich verstehe ein wenig englisch.
Ю. Б.	А вот моя жена говорит по-немецки!	Aber hier meine Frau spricht deutsch!
Н. А.	Ну, что ты, Юра!	Ach was, Jura!
Ю. Б.	Разве это неправда, Ниночка?	Stimmt das etwa nicht, Ninotschka?
Н. А.	Ну, ты прав, Юрий, я немного говорю. А вот наш сын, Сергей, очень хорошо говорит по-английски.	Nun, du hast recht, Jurij, ich spreche ein wenig. Aber unser Sohn, Sergej, spricht sehr gut englisch.
Ю. Б.	Он парикмахер!	Er ist Friseur!
Х.	Парикмахер? А-а, парикмахер! Он говорит по-английски? Я тоже неплохо говорю по-английски. – To be or not to be: that is the question.	Friseur? Ah, Friseur! Er spricht englisch? Ich spreche auch recht gut englisch. – Sein oder Nichtsein, das ist hier die Frage.
Н.	Вы по-русски неплохо говорите, Хейкки!	Sie sprechen recht gut russisch, Heikki!
Х.	Спасибо за комплимент.	Danke für das Kompliment.

Lektion 6

Neue Wörter

Im Text:

говори́ть, я говорю́, ты говори́шь[1]	sprechen, ich spreche, du sprichst	Ну что ты!	Was du nicht sagst!; Wo denkst du hin!
по-ру́сски	(auf) russisch	ра́зве	etwa, vielleicht
хорошо́ *Adv.*	gut	непра́вда	Unwahrheit
пло́хо *Adv.*	schlecht	ты прав	du hast recht
по-англи́йски	(auf) englisch	наш	unser
сожале́ние	Bedauern, Mitleid	сын	Sohn
к сожале́нию	leider	парикма́хер	Friseur, Friseuse
то́лько	nur	то́же	auch
тру́дно *Adv.*	schwierig, schwer	непло́хо *Adv.*	nicht schlecht, recht gut
и́ли	oder	комплиме́нт	Kompliment
по-неме́цки	(auf) deutsch	за + *Akk.*	für
немно́го	ein wenig		
понима́ть, понима́ю, понима́ешь	verstehen		

Im Erklärungsteil:

хоро́шая иде́я	eine gute Idee	туда́	dorthin
уже́	schon, bereits	по-фи́нски	(auf) finnisch
там	dort		

Erklärungen

Konjugation der Verben

Wie im Deutschen und vielen anderen Sprachen, so werden auch im Russischen die Verben konjugiert, d.h. für die verschiedenen Personen gibt es verschiedene Verbendungen. Je nachdem, ob in den Personalendungen (außer der 1. Pers. Sing. und der 3. Pers. Plur.) ein **-е (-ё)** oder ein **-и-** vorkommt, handelt es sich um die **e-Konjugation** oder die **i-Konjugation**. Neben vielen regelmäßigen Verben gibt es leider auch eine Anzahl unregelmäßiger. So können z.B. Betonungs-, Konsonanten- oder Stammwechsel vorkommen. Diese Unregelmäßigkeiten werden aber im Wörterverzeichnis angegeben.

---

[1] Im Vokabelteil werden bei russischen Verben jeweils der Infintiv und die Form der 1. und 2. Person Singular angegeben.

Lektion 6

Die Grundform der Verben, der Infinitiv, endet meist auf **-ть**.
понимáть *(verstehen)* - éхать *(fahren)* - говори́ть *(sprechen)*.

Person	e-Konjugation		i-Konjugation
	понимáть	éхать	говори́ть
я	понимáю	éду	говорю́
ты	понимáешь	éдешь	говори́шь
он, онá, онó	понимáет	éдет	говори́т
мы	понимáем	éдем	говори́м
вы	понимáете	éдете	говори́те
они́	понимáют	éдут	говоря́т

Die Verben **понимáть** und **говори́ть** sind regelmäßig. Wie sie werden viele andere Verben konjugiert. Bei **éхать** dagegen findet ein Konsonantenwechsel statt (х → д).

Adverbien

Eine Sprache sprechen und verstehen

говори́ть по-рýсски   *russisch sprechen*
Я говорю́ по-рýсски.   *Ich spreche russisch.*
понимáть по-немецки   *deutsch verstehen*
Он понимáет по-англи́йски.   *Er versteht englisch.*

Как вы говори́те по-рýсски?   *Wie (gut) sprechen Sie russisch?*

Вы хорошó говори́те по-рýсски. *Sie sprechen gut russisch.*
Я немнóго понимáю по-англи́йски. *Ich verstehe ein wenig englisch.*
Сергéй óчень хорошó говори́т   *Sergej spricht sehr gut englisch.*
по-англи́йски.

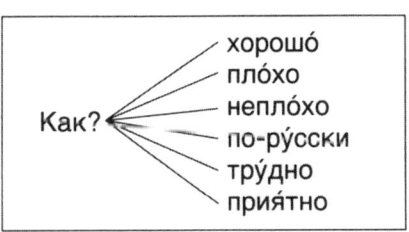

Lektion 6

Adverbien bestimmen etwas näher, entweder ein Verb (он *хорошо́ говори́т*), ein Adjektiv (*э́то о́чень хоро́шая иде́я*) oder ein anderes Adverb (*он уже́ хорошо́ говори́т, он говори́т о́чень пло́хо*). Die meisten Adverbien werden von Adjektiven abgeleitet. Zu der großen Wortgruppe der Adverbien zählen aber auch solche Wörtchen wie: **там** *(dort)*, **тут** *(hier)*, **туда́** *(dorthin)*, **здесь** *(hier)*, **так** *(so)*, **уже́** *(schon)*, **то́же** *(auch)*, **о́чень** *(sehr)*, **немно́го** *(ein wenig)* und viele mehr.

Die Wortfolge im Russischen

Хе́йкки хорошо́ говори́т по-ру́сски. – Хе́йкки говори́т по-ру́сски хорошо́.

Im ersten Satz ist die Wortfolge „normal"; im zweiten ist sie aber auch nicht verkehrt. Im Russischen gibt es zwar – genauso wie im Deutschen – ein normatives Grundschema:

Subjekt	**Prädikat**	**Objekt**
Ива́н	понима́ет	тури́ста.
Iwan	*versteht*	*den Touristen.*

Es sind jedoch Abweichungen von der Norm möglich. Je nachdem, was in einem Satz hervorgehoben werden soll, können Wörter und Satzteile umgestellt werden:
Хе́йкки хорошо́ говори́т по-ру́сски.
Хорошо́ говори́т **Хе́йкки**.
По-фи́нски говори́т Хе́йкки, а **по-ру́сски** Ю́рий.

Einige Grundregeln bei der Wortfolge müssen jedoch beachtet werden. Hier interessieren uns vorerst zwei Regeln:

1. Personalpronomen als Objekt stehen in der Regel vor dem Prädikat:
    Ива́н **его́** понима́ет. *Iwan versteht* **ihn**.
    Вы **меня́** извини́те. *Sie entschuldigen* **mich**.

2. Adverbien stehen in der Regel vor dem Wort oder Satzglied, das sie näher bestimmen:
    Ю́рий говори́т **то́лько** по-ру́сски.   *(nur russisch, sonst nichts)*
    То́лько Хе́йкки говори́т по-фи́нски.   *(nur Heikki, sonst niemand)*
    Он **то́лько** немно́го говори́т по-ру́сски.   *(nur ein wenig)*

# Lektion 6

Text B

В Москву́!

Х. = Хе́йкки = Heikki
Н. = Никола́й = Nikolaj
Ю. Б. = Ю́рий Бори́сович = Jurij Borissowitsch

Х.	Куда́ ты, куда́ вы ... Мо́жно на ты?	Wohin ... du, wohin ... Sie? ... Darf ich Sie duzen?
Н.	Мо́жно, дава́й на ты! – Никола́й, Ко́ля.	Sie dürfen, also duzen wir uns! – Nikolaj, Kolja.
Х.	Хе́йкки.	Heikki.
Н.	О́чень прия́тно!	Sehr angenehm!
Х.	О́чень прия́тно! – Никола́й, куда́ ты е́дешь?	Sehr angenehm! – Nikolaj, wohin fährst du?
Н.	Куда́ я е́ду? Я е́ду в Москву́. – А-а-а, э́то Ла́хти?	Wohin ich fahre? Ich fahre nach Moskau. – Ach, ist das Lachti?
Х.	Нет, по-мо́ему, э́то уже́ Ко́увола.	Nein, meiner Meinung nach ist das schon Kouwola.
Н.	А-а-а, Ко́увола.	Ah, Kouwola.
Х.	Да, э́то Ко́увола.	Ja, das ist Kouwola.
Ю. Б.	Хе́йкки, куда́ вы е́дете? В Москву́?	Heikki, wohin fahren Sie? Nach Moskau?
Х.	В Москву́.	Nach Moskau.
Н.	Я то́же туда́. Домо́й е́ду. А вы куда́ е́дете, Ю́рий Бори́сович?	Ich auch. Ich fahre nach Hause. Und wohin fahren Sie, Jurij Borissowitsch?
Х.	Мы е́дем в Вы́борг, к до́чке. А пото́м домо́й, в Москву́.	Wir fahren nach Wyborg, zur Tochter. Und dann nach Hause, nach Moskau.

Lektion 6

Neue Wörter

Im Text:

в + *Akk.*	nach, in	по-мо́ему	meiner Meinung nach
Москва́	Moskau	Ко́увола	Kouwola *Stadt in Finnland*
в Москву́	nach Moskau	домо́й	nach Hause
куда́	wohin	Вы́борг	Wyborg *Stadt in Rußland*
мо́жно	man kann, man darf	до́чка	Tochter, Töchterchen
на ты	per du	к + *Dat.*	zu
дава́й	laß uns, wir wollen	к до́чке	zur Tochter
е́хать, е́ду, е́дешь	fahren	пото́м	dann, danach
Ла́хти	Lachti *Stadt in Finnland*		

Im Erklärungsteil:

на + *Akk.*	auf, in, nach	мо́ре	Meer

Erklärungen

Deklination

Substantive *(Hauptwörter)*, Adjektive *(Eigenschaftswörter)*, Numeralia *(Zahlwörter)* sowie Pronomen *(Fürwörter)* werden im Russischen dekliniert *(gebeugt)*. Während es im Deutschen nur vier Fälle gibt, müssen wir im Russischen leider sechs Fälle lernen:

1. Fall: Nominativ (Nom.)   имени́тельный паде́ж
2. Fall: Genitiv (Gen.)   роди́тельный паде́ж
3. Fall: Dativ (Dat.)   да́тельный паде́ж
4. Fall: Akkusativ (Akk.)   вини́тельный паде́ж
5. Fall: Instrumental (Instr.)   твори́тельный паде́ж
6. Fall: Präpositiv (Präp.)   предло́жный паде́ж

Genitiv und Akkusativ der Personalpronomen haben wir schon in Lektion 5 kennengelernt. In den folgenden Lektionen werden die Fälle und die verschiedenen Deklinationsmodelle der einzelnen Wortarten weiter Schritt für Schritt eingeführt. Um aber eine gewisse Übersichtlichkeit und Vollständigkeit herzustellen, wie sie durch die „Dramaturgie" der Fernsehfolgen vielfach nicht geleistet werden kann, werden in diesem Begleitbuch häufiger grammatische Erklärungen und Tabellen angeführt, die über den Wissensstand der jeweiligen Lektion hinausgehen. Wenn also in späteren Folgen Ihnen bereits bekannte grammatische Phänome auftauchen, so können Sie diese als Gelegenheit zur Wiederholung und Einübung an konkreten Beispielen auffassen.

Akkusativ der Substantive

Der Akkusativ männlicher und sächlicher Substantive ist gleich dem Nominativ. Dies gilt allerdings nur bei „unbelebten" Substantiven, d. h. bei Gegenständen und Begriffen, nicht bei Substantiven, die Lebewesen bezeichnen.
Der Akkusativ weiblicher Substantive erhält statt der Nominativendung -a bzw. -я immer die Endung -y bzw. -ю.

Genus	Nominativ Singular		Akkusativ Singular	
	Endung	Beispielwort	Endung	Beispielwort
m.	-	нómep	-	нómep
f.	-a -я	Москвá Áня	-y -ю	Москву́ Áню
n.	-o -e	мéсто мóре	-o -e	мéсто мóре

Akkusativ auf die Frage Куда́? (Wohin?)

Куда́ вы е́дете?	Wohin fahren Sie?
Я е́ду в Вы́борг.	Ich fahre nach Wyborg.
Я е́ду в Москву́.	Ich fahre nach Moskau.
Я е́ду на Кавка́з.	Ich fahre in den Kaukasus.

Auf die Frage **Куда́?** *(Wohin?)* antworten wir mit der Präposition **в** *(nach, in)* bzw. in bestimmten Fällen mit der Präposition **на** *(auf, in)*[1]. Die Zielangabe steht im Akkusativ.

---

[1] Diese Fälle sollte man sich extra merken; es ist eine überschaubare Zahl.

Lektion 6

Übungen

1. Üben Sie die Zahlen von 1 bis 10 (s. Lektion 4), indem Sie laut rechnen: (+ плюс; − минус; = будет):

   a. 5 + 4 = _____
   b. 3 + 7 = _____
   c. 1 + 8 = _____
   d. 9 − 3 = _____
   e. 6 − 4 = _____
   f. 2 + 7 = _____
   g. 10 − 6 = _____
   h. 5 − 2 = _____
   i. 7 − 6 = _____
   j. 8 − 3 = _____
   k. 2 + 3 = _____
   l. 4 + 4 = _____

2. Lesen Sie die Zahlenfolge dieser Dominosteine und legen Sie selbst eine Domino-Zahlenkette:

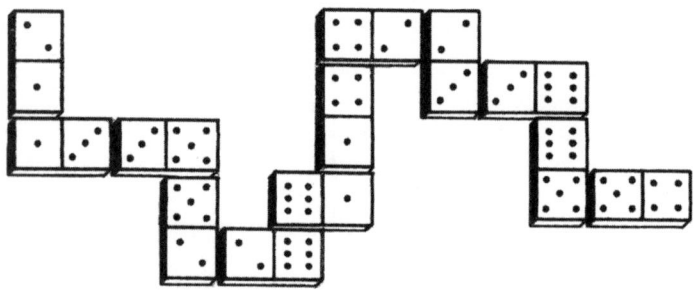

3. Bilden Sie zu den hervorgehobenen Satzteilen in den folgenden Sätzen Fragesätze mit den Fragewörtern:

   Beispiele: Это *немецкий* студент. → Какой это студент?
   Он *хорошо* говорит по-русски. → Как он говорит?
   Это *университет*. → Что это?

   a. Это *Юрий Борисович*.
   b. *Здесь* место номер три.
   c. Меня зовут *Татьяна Сергеевна*.
   d. Она *неплохо* говорит по-русски.
   e. Я еду в *Москву*.
   f. Она понимает по-русски *очень плохо*.
   g. Это *очень хорошая* библиотека.
   h. Это *станция метро*.
   i. *Зайцев* здесь.
   k. *Николай Акейсеевич* немного понимает по-английски.
   l. Вот там *вагон-ресторан*.

Lektion 6

4. *Übersetzen Sie die folgenden Verbformen und schreiben Sie rechts in die Spalte den in Klammern angegebenen Buchstaben. Von oben nach unten gelesen ergeben diese Buchstaben dann einen guten Witz. Vier Buchstaben sind Ihnen zur Hilfe vorgegeben.*

a. fahren (2) **е́хать** — х
b. (sie) sprechen (4) **(они́) говоря́т** — о
c. (ich) spreche (5)
d. verstehen (2)
e. (du) verstehst (8)
f. sprechen (6)
 — й

g. (er) versteht (6)
h. (sie) verstehen (3)
i. (du) fährst (1)
 — к
j. (ich) fahre (2)
k. (wir) sprechen (2)
l. (sie) fahren (4)

5. *Fertigen Sie eine Tabelle mit den Spalten „maskulinum", „femininum", „neutrum", „Plural" an, und setzen Sie die folgenden Wörter nach Geschlecht und Zahl geordnet richtig ein:*
Герма́ния - до́брый день - большо́е спаси́бо - нас - сын - его́ - Вы́борг - сожале́ние - не́мка - Москва́ - эсто́нец - ме́сто - тури́сты - но́мер - до́чка - ру́сская - комплиме́нт - жена́ - Ме́льниковы.

6. *Sagen Sie, wer wohin fährt:*
Beispiel: Га́мбург (я) → Я е́ду в Га́мбург.
Фу́льда (он) → Он е́дет в Фу́льду.

a. Берли́н (мы)
b. Ита́лия (они́)
c. Стокго́льм (она́)
d. Йе́на (ты)
e. А́фрика (вы)
f. Душанбе́ (я)
g. Бава́рия (он)
h. Ви́льнюс (ты)
i. Ри́га (мы)
j. О́сло (они́)

Lektion 6

7. *Übersetzen Sie die folgende Unterhaltung im Zug ins Deutsche und wieder zurück ins Russische:*

– Добрый день! Скажите, пожалуйста, как вас зовут?
– Извините, я вас не понимаю.
– Как вас зовут?
– Да, сейчас *(jetzt)* я понимаю. Меня зовут Клаус Мейер.
– Очень приятно. Я Иван Константинович. Вы немец?
– Да, я немец.
– Вы уже очень хорошо говорите по-русски!
– Нет, не очень. Говорить по-русски так трудно! И я очень плохо понимаю.
– По-моему вы меня неплохо понимаете.
– Спасибо за комплимент. Скажите, пожалуйста, а вы говорите по-немецки или по-английски?
– К сожалению нет. Я говорю только по-русски. Это плохо, но это факт. Куда вы едете?
– Я еду в Москву как *(als)* турист.
– А я тоже еду туда, домой.
– Как интересно! У меня здесь план. Покажите, пожалуйста, где гостиница *(Hotel)* „Украина".
– Пожалуйста, вот гостиница.
– Большое спасибо.

Lektion 7

Text

Дéдушка и бáбушка

Х. = Хéйкки = Heikki
Н. = Николáй = Nikolaj
Ю. Б. = Юрий Борúсович = Jurij Borissowitsch
Н. А. = Нúна Алексáндровна = Nina Aleksandrowna

Х.	Это Вáйниккала.	Das ist Vainikkala.
Н. А.	Вáйниккала, а-а!	Vainikkala, ah!
Н.	А вы, знáчит, éдете в Вы́борг, к дóчке.	Und Sie fahren also nach Wyborg, zur Tochter.
Ю. Б.	Да, мы éдем в Вы́борг, к дóчке. Нúночка, у тебя́ есть фотогрáфии? Покажú!	Ja, wir fahren nach Wyborg, zur Tochter. Ninotschka, hast du Fotos dabei? Zeig mal!
Н.	Да, покажúте, пожáлуйста!	Ja, zeigen Sie bitte!
Н. А.	Сейчáс! Вот онá, нáша Мúла.	Sofort! Hier ist sie, unsere Mila.
Х.	Кто онá?	Was ist sie von Beruf?

Lektion 7

Н. А.	Официа́нтка. А э́то её семья́. Э́то её муж, Вале́рий.	Kellnerin. Und das ist ihre Familie. Das ist ihr Mann, Walerij.
Ю. Б.	Он машини́ст.	Er ist Lokomotivführer.
Х.	Машини́ст? – Маши́на?	Maschinist? – Auto?
Н. А.	Нет, не маши́на, а парово́з, локомоти́в! – Понима́ете?	Nein, kein Auto, sondern Lokomotive, Lokomotive! – Verstehen Sie?
Ю. Б.	Пш, пш, пш ...	Tsch, tsch, tsch ...
Х.	А-а, локомоти́в ... !	Ah, Lokomotive ... !
Н. А.	А э́то О́ля.	Und das ist Olja.
Х.	Ва́ша до́чка?	Ihre Tochter?
Н. А.	Нет, вну́чка.	Nein, die Enkelin.
Н.	Зна́чит, вы уже́ де́душка и ба́бушка?	Das heißt, Sie sind schon Opa und Oma?
Н. А.	Ба́бушка и де́душка.	Oma und Opa.
Ю. Б.	Уже́ пенсионе́р и пенсионе́рка.	Schon Rentner und Rentnerin.
Х.	Пенсионе́р? То́же машини́ст?	Rentner? Auch Lokomotivführer?
Ю. Б.	Нет, эле́ктрик.	Nein, Elektriker.
Н. А.	А я конди́тер.	Und ich bin Konditor.
Ю. Б.	Никола́й Алексе́евич!	Nikolaj Aleksejewitsch!
Н.	Да.	Ja.
Ю. Б.	А вы? Кто вы?	Und Sie? Was sind Sie?
Н.	Я? Я инспе́ктор ГАИ.	Ich bin Inspektor bei der GAI *(Verkehrspolizei)*.
Ю. Б.	О-о!	Oh!
Н.	А ты?	Und du?
Х.	Я?	Ich?
Н.	Кто ты, Хе́йкки?	Was bist du, Heikki?
Х.	Да, да ... я актёр.	Ja, ja ... ich bin Schauspieler.
Н.	У вас есть семья́?	Haben Sie Familie?
Х.	Да, есть, жена́ и сын. Моя́ жена́ то́же актёр.	Ja, habe ich, Frau und Sohn. Meine Frau ist auch Schauspieler.

Lektion 7

H.	Нет. Нет, Хе́йкки, э́то ты актёр, а она́ актри́са.	Nein. Nein, Heikki, du bist Schauspieler, aber sie ist Schauspielerin.
Х.	Да, да ... я актёр. Жена́ – актри́са.	Ja, ja ... ich bin Schauspieler. Meine Frau ist Schauspielerin.
H.A.	А у вас есть фо́то?	Und haben Sie ein Foto?
Х.	Фо́то? Да, да, да ... вот моя́ жена́.	Ein Foto? Ja, ja ja ... das hier ist meine Frau.
H.A.	Краси́вая!	Hübsch!
H.	Миниатю́рная!	Winzig!
H.A.	А э́то наш сын, Серёжа.	Und das ist unser Sohn, Serjoscha.
Х.	Ваш сын? Парикма́хер?	Ihr Sohn? Der Friseur?
H.A.	Да, э́то он говори́т по-англи́йски.	Ja, er ist derjenige, der englisch spricht.

Neue Wörter

Im Text:

де́душка *m.*	Großvater
ба́бушка	Großmutter
Ва́йниккала	Vainikkala *finnisch-sowjetischer Grenzort*
сейча́с	jetzt, sofort
фотогра́фия, фо́то	Foto
покажи́	zeige, zeig mal
Кто она́?	Wer ist sie? *hier:* Was ist sie von Beruf?
официа́нтка	Kellnerin
её	ihr, ihre
семья́	Familie
муж	Ehemann
машини́ст	Lokomotivführer
парово́з	Lokomotive
локомоти́в	Lokomotive
ва́ша	eure, Ihre
вну́чка	Enkelin
пенсионе́р	Rentner
пенсионе́рка	Rentnerin
эле́ктрик	Elektriker(in)
конди́тер	Konditor(in)
инспе́ктор	Inspektor
ГАИ	*sowj.* staatliche Verkehrswacht
актёр	Schauspieler
актри́са	Schauspielerin
краси́вый, -ая, -ое *Adj.*	hübsch
миниатю́рный, -ая, -ое *Adj.*	winzig, zierlich

Im Erklärungsteil:

роди́тели	Eltern
мать *f.*	Mutter
оте́ц	Vater
супру́ги *Plur.*	Eheleute
супру́г	Gatte
супру́га	Gattin

Lektion 7

дéти *Plur.*		Kinder	врач		Arzt, Ärztin
дочь *f.*		Tochter	дирéктор		Direktor(in)
сестрá		Schwester	профéссор		Professor(in)
брат		Bruder	официáнт		Kellner
рóдственники *Plur.*		Verwandte	студéнтка		Studentin
тётя		Tante	учи́тель		Lehrer
дя́дя *m.*		Onkel	учи́тельница		Lehrerin
комý		wem	продавéц		Verkäufer
а		und, aber	продавщи́ца		Verkäuferin

Erklärungen

Нáша семья́: *Unsere Familie:*		
— *Großeltern:*	бáбушка *Großmutter*	дéдушка *Großvater*
роди́тели: *Eltern:*	мать / мáма *Mutter / Mama*	отéц / пáпа *Vater / Papa*
супрýги: *Eheleute:*	женá / супрýга *Ehefrau / Gattin*	муж / супрýг *Ehemann / Gatte*
дéти: *Kinder:*	дочь / дóчка *Tochter / Töchterchen*	сын *Sohn*
— *Geschwister:*	сестрá *Schwester*	брат *Bruder*
рóдственники: *Verwandte:*	тётя *Tante*	дя́дя *Onkel*

Die Familien- und Verwandtschaftsverhältnisse, die in dieser Lektion zur Sprache kommen, haben wir hier noch um einige Bezeichnungen ergänzt. Für die Sammelbegriffe *Großeltern* und *Geschwister* gibt es im Russischen keine Entsprechungen.

Дéдушка, пáпа und **дя́дя** sind natürlich trotz ihrer weiblichen Endungen auf -а bzw. -я männliche Personen. Bei der Deklination werden diese Wörter zwar wie weibliche Substantive behandelt, doch alles, was sich auf diese Personen bezieht, trägt grammatisch männliche Formen: Это мой пáпа. Он инженéр.

Die Possessivpronomen *(Besitzanzeigende Fürwörter)*

Die Possessivpronomen **мой** *(mein)*, **твой** *(dein)*, **наш** *(unser)* und **ваш** *(euer/Ihr)* werden wie im Deutschen gebraucht. Sie richten sich in Geschlecht, Zahl und Fall nach dem dazugehörigen Substantiv.

m.	f.	n.	Pl.
мой твой наш ваш } (сын)	моя́ твоя́ на́ша ва́ша } (ма́ма)	моё твоё на́ше ва́ше } (ме́сто)	мои́ твои́ на́ши ва́ши } (де́ти)

Dativ der Substantive

	m.	f.	n.
Nominativ	брат	до́чка тётя	ме́сто мо́ре
Dativ	бра́т**у**	до́чк**е** тёт**е**	ме́ст**у** мо́р**ю**

Dativ auf die Frage К кому́? *(Zu wem?)*

К кому́ вы е́дете?	*Zu wem fahren Sie?*
Мы е́дем к до́чке.	*Wir fahren zur Tochter.*
Мы е́дем к сы́ну.	*Wir fahren zum Sohn.*

Auf die Frage: **К кому́?** *(Zu wem?)* antwortet man mit der Präposition **к** *(zu)* und dem folgenden Substantiv im Dativ.

У (+ Genitiv) есть *(haben)*

У тебя́ есть фотогра́фия?	*Hast du ein Foto?*
У вас есть семья́?	*Haben Sie Familie?*
Да, есть.	*Ja, habe ich.*

Wir haben bereits gelernt: Im Sinne von *etwas haben* verwendet man die Konstruktion **у + Genitiv**: У меня́ ме́сто но́мер пять. Möchte man aber diesen Besitz bzw. dieses Vorhandensein stärker betonen, so benutzt man verstärkend das Wörtchen **есть** *(ist da, ist vorhanden, gibt es)*.

Lektion 7

Die Konjunktionen (Bindewörter) и und а

Bei einer Aufzählung gleichrangiger Elemente verwendet man **и** *(und)*:

Вот Хе́йкки и Ю́рий.	*Hier sind Heikki und Jurij.*
Он понима́ет и говори́т по-ру́сски.	*Er versteht und spricht russisch.*
Он говори́т по-ру́сски и по-фи́нски.	*Er spricht russisch und finnisch.*

Wenn ein leichter Gegensatz ausgedrückt werden soll, verwendet man **а** *(und, aber)*:

Хе́йкки е́дет в Москву́, а Ю́рий в Вы́борг.	*Heikki fährt nach Moskau, und (aber) Jurij nach Wyborg.*
Он немно́го понима́ет по-ру́сски, а она́ уже́ немно́го говори́т.	*Er versteht ein wenig russisch, während sie schon ein wenig spricht.*
Ю́рий е́дет не в Москву́, а в Вы́борг.	*Jurij fährt nicht nach Moskau, sondern nach Wyborg.*

Berufsbezeichnungen

Я парикма́хер.	*Ich bin Friseur/Friseuse.*
Он врач. Она́ врач.	*Er ist Arzt. Sie ist Ärztin.*
Хе́йкки актёр, а жена́ актри́са.	*Heikki ist Schauspieler, und seine Frau ist Schauspielerin.*

Im Russischen gelten sehr viele Berufsbezeichnungen sowohl für den Mann als auch für die Frau.
Hierzu gehören u.a. **парикма́хер** *(Friseur/Friseuse)*, **врач** *(Arzt, Ärztin)*, **конди́тер** *(Konditor/in)*, **дире́ктор** *(Direktor/in)*, **профе́ссор** *(Professor/in)*, **инжене́р** *(Ingenieur/in)*, **инспе́ктор** *(Inspektor/in)*, **архите́ктор** *(Architekt/in)*, **компози́тор** *(Komponist/in)*, **эле́ктрик** *(Elektriker/in)*, **гид** *(Reiseleiter/in)*. Dies gilt auch für **колле́га** *(Kollege/Kollegin)*.

Andere Berufsbezeichnungen haben dagegen eine männliche und eine weibliche Variante:
актёр - актри́са *(Schauspieler/in)*, **официа́нт - официа́нтка** *(Kellner/in)*, **студе́нт - студе́нтка** *(Student/in)*, **учи́тель - учи́тельница** *(Lehrer/in)*, **продаве́ц - продавщи́ца** *(Verkäufer/in)*.

Lektion 7

Übungen

1. *Sagen Sie, was diese Personen von Beruf sind:*

1. _____ 2. _____ 3. _____ 4. _____

5. _____ 6. _____ 7. _____ 8. _____

2. *Sagen Sie, wer zu wem fährt:*

Beispiel: па́па (сын) → Па́па е́дет к сы́ну.

a. мы (ме́сто)
b. вы (внук)
c. тётя (Макси́м)
d. я (супру́г)
e. вну́чка (ба́бушка)
f. они́ (тётя)
g. О́льга (Оле́г)
h. внук (де́душка)
i. ты (жена́)
j. гид (тури́ст)
k. Ни́на (актёр)

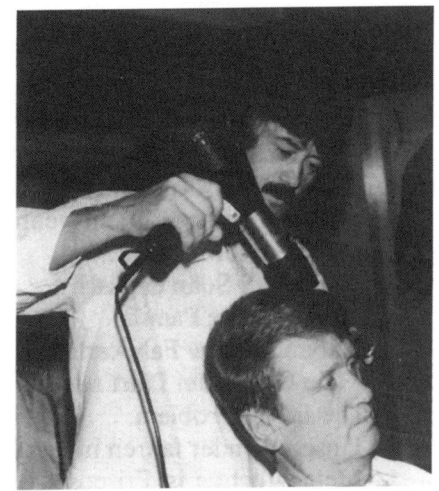

Lektion 7

3. *Sagen Sie auf russisch, wie die Personen ihre Familienangehörigen vorstellen:*

Beispiel:
Познакóмьтесь, пожáлуйста.
Э́то мой муж.

1. _____   2. _____   3. _____

4. _____   5. _____   6. _____

4. *Übersetzen Sie ins Russische:*
  a. Meine Großmutter spricht russisch und deutsch.
  b. Dein Onkel fährt nach Hause.
  c. Unsere Eltern verstehen englisch.
  d. Mein Bruder spricht ein wenig russisch.
  e. Das ist unser Gepäck.
  f. Spricht Ihr Sohn englisch?
  g. Ich habe eine Familie.
  h. Haben Sie eine Fahrkarte?
  i. Mein Großvater fährt nach Minsk.
  j. Das ist Ihr Problem.
  k. Unsere Kinder fahren in den Kaukasus.
  l. Meine Tochter ist Friseuse.

Lektion 7

5. *Formen Sie die Sätze um, indem Sie statt des Possessivpronomens die Konstruktion* у (+ Genitiv) есть *verwenden.*

Beispiel: Это моя́ вну́чка. → У меня́ есть вну́чка.

a. Э́то твой апельси́н.
b. Э́то мой шокола́д.
c. Э́то наш инжене́р.
d. Э́то моё хо́бби.
e. Э́то ва́ша фи́рма.
f. Э́то мой фотоаппара́т.
g. Э́то наш де́душка.
h. Э́то твой телефо́н.
i. Э́то наш брат.
j. Э́то ваш телеви́зор.

6. Повторе́ние - мать уче́ния!
Wiederholung ist die Mutter der Weisheit / des Lernens / der Lehre. Oder: Wiederholen heißt lernen. Und frei übersetzt: Übung macht den Meister!
Bilden Sie deshalb selbständig Sätze zu folgenden Themenkomplexen:

a. *Begrüßen Sie eine Person, mit der Sie gut befreundet sind.*
b. *Begrüßen Sie eine bekannte Person.*
c. *Fragen Sie jemanden höflich nach seinem Namen.*
d. *Sagen Sie, daß Sie Deutsche(r) sind.*
e. *Entschuldigen Sie sich.*
f. *Bedanken Sie sich.*
g. *Zählen Sie von 1 bis 10 und zurück.*
h. *Sagen Sie, daß Sie recht gut englisch verstehen und sprechen.*
i. *Sagen Sie, daß Sie einen Bruder und eine Schwester haben.*
j. *Fragen Sie einen Mitreisenden, wohin er fährt.*
k. *Sagen Sie, daß Sie nach Tula und Kiew fahren.*
l. *Fragen Sie eine Kioskverkäuferin, ob sie Obst hat.*
m. *Bitten Sie jemanden, sich zu setzen.*
n. *Fragen Sie, wo Ihr Gepäck ist.*
o. *Bedauern Sie, daß Sie nur ein wenig russisch sprechen.*

Lektion 8

Text

В ресторáне

Х. = Хéйкки = Heikki
Н. = Николáй = Nikolaj
Н. А. = Нúна Алексáндровна = Nina Aleksandrowna
Б. = Борúс Михáйлович = Boris Michajlowitsch
Деж. = Дежýрный = Wächter
Оф. = Официáнтка = Kellnerin

Н.	А-а, вúдишь, Хéйкки ... Петрóвы!	Ah, siehst du, Heikki ... die Petrows!
Н.А.	Привéт!	Hallo!
Н.	Привéт! – Знáчит, вы в Выборг, к дóчке.	Hallo! – Also, Sie wollen nach Wyborg, zur Tochter.
Н.А.	Да, к дóчке!	Ja, zur Tochter!
Х.	А мы ... в Москвý!	Und wir ... nach Moskau!
Н.А.	А мы ... потóм в Москвý! – Ну лáдно, до свидáния!	Und wir ... später nach Moskau! – Nun gut, auf Wiedersehen!
Н.	До свидáния!	Auf Wiedersehen!
Н.А.	Счастлúвого путú!	Gute Reise!
Х.	До свидáния!	Auf Wiedersehen!
Н.	Ну что, Хéйкки, пойдём?	Nun was ist, Heikki, gehen wir?
Х.	Ну давáй пойдём, погуляем!	Nun, gehen wir, bummeln wir etwas!
Н.	Хéйкки! Выход здесь!	Heikki! Der Ausgang ist hier!
Х.	Выход, да!	Der Ausgang, ja!
Н.	Пошлú! ...	Nun komm! ...
Х.	Там ресторáн!	Dort ist ein Restaurant!
Н.	Ресторáн? Интерéсно! А ты был там?	Ein Restaurant? Interessant! Warst du schon einmal dort?
Х.	Да, был!	Ja, war ich!
Н.	Пойдём!	Gehen wir!
Х.	Это хорóшая идéя!	Das ist eine gute Idee!

Lektion 8

H.	Хе́йкки, ты уже́ был в Москве́?	Heikki, warst Du schon in Moskau?
Х.	Да, был. И жена́ то́же была́. Мы бы́ли там ле́том.	Ja, war ich. Und meine Frau auch. Wir waren im Sommer dort.
H.	Интере́сно бы́ло?	War es interessant?
Х.	Да, интере́сно. Там в Москве́ ... был кинофестива́ль, конце́рты, теа́тры, музе́и, экску́рсии ... Мы бы́ли везде́.	Ja, interessant. Dort in Moskau ... war ein Kinofestival, Konzerte, Theater, Museen, Exkursionen ... Wir waren überall.
Оф.	Здра́вствуйте! Что вы жела́ете?	Guten Tag! Was wünschen Sie?
Х.	Оди́н сала́т.	Einen Salat.
H.	Сала́т.	Salat.
Х.	И минера́льная вода́. Бе́лый хлеб. И ... сто грамм во́дки.	Und Mineralwasser. Weißbrot. Und ... hundert Gramm Wodka.
H.	Мне то́же.	Für mich auch.
Х.	Спаси́бо.	Danke schön.

Lektion 8

Н.	Значит, Хейкки, ты уже знаешь Москву?	Das heißt, Heikki, Du kennst Moskau schon?
Х.	Знаю. Кремль, Красная площадь, Большой театр, улица Горького ...	Ja. Der Kreml, der Rote Platz, das Bolschoj-Theater, die Gorkij-Straße ...
Б.	Извините, это место свободно?	Entschuldigen Sie, ist dieser Platz frei?
Н.	Да, пожалуйста.	Ja, bitte.
Б.	Орлов, Борис Михайлович.	Orlow, Boris Michajlowitsch.
Х.	Меня зовут Хейкки Киннунен.	Ich heiße Heikki Kinnunen.
Н.	Зайцев, Николай Алексеевич.	Sajzew, Nikolaj Aleksejewitsch.
Б.	А я вас знаю! – Хейкки известный финский актёр.	Ich kenne Sie! – Heikki ist ein bekannter finnischer Schauspieler.
Х.	Известный ... нет, нет!	Bekannt ... nein, nein!
Б.	Правда, правда.	Wirklich, wirklich!
Н.	А вы тоже финн?	Sind Sie auch Finne?
Б.	Да. Моя мать финка, а отец русский.	Ja. Meine Mutter ist Finnin, aber mein Vater ist Russe.
Н.	Вы финн, но говорите по-русски.	Sie sind Finne, aber Sie sprechen russisch.
Б.	Я говорю и по-русски и по-фински.	Ich spreche sowohl russisch als auch finnisch.
Н.	Очень хорошо!	Sehr gut!
Б.	Хейкки, а где ты будешь жить в Москве? Какая у тебя гостиница?	Heikki, und wo wirst Du in Moskau wohnen? Welches Hotel hast Du?
Х.	У меня гостиница „Украина". У меня есть карта. Покажи, пожалуйста, где она, моя гостиница.	Ich habe das Hotel „Ukraina". Ich habe einen Plan. Zeige mir bitte, wo es ist, mein Hotel.

Lektion 8

Н.	Так. Э́то Кремль ... э́то проспе́кт Кали́нина ... Кут́узовский проспе́кт ... и вот здесь твоя́ гости́ница.	Also. Das ist der Kreml ... das ist der Kalinin-Prospekt ... der Kutusowskij Prospekt ... und genau hier ist dein Hotel.
Б.	А ря́дом Ки́евское метро́.	Und daneben ist die Metrostation Kijewskaja.
Х.	Ах, Ки́евское метро́. Вот она́ – моя́ гости́ница. Спаси́бо большо́е!	Ah, die Metro Kijewskaja. Hier ist es – mein Hotel. Vielen Dank!
Б.	О-о, уже́ оди́ннадцать часо́в. Мы опа́здываем.	Oh, es ist schon elf Uhr. Wir kommen zu spät.
Н.	Пойдём!	Gehen wir!

Neue Wörter

Im Text:

в + *Präp.*	in
в рестора́не	im Restaurant
ви́деть, ви́жу, ви́дишь	sehen, sehen können, erblicken
ла́дно	(schon) gut, schön, einverstanden
До свида́ния!	Auf Wiedersehen!
Счастли́вого пути́!	Gute Reise!
счастли́вый, -ая, -ое *Adj.*	glücklich
путь *m.*	Weg, Reise
пойдём!	gehen wir!
погуля́ем!	gehen wir etwas spazieren!
вы́ход	Ausgang
вход	Eingang
пошли́!	gehen wir!
интере́сно *Adv.*	interessant
ты был	du warst
хоро́ший, -ая, -ое *Adj.*	gut, schön
иде́я	Idee
ле́том	im Sommer
он был	er war
она́ была́	sie war
мы бы́ли	wir waren
бы́ло	es war
кинофестива́ль	Kinofestival
музе́й	Museum
везде́	überall
жела́ть, жела́ю, жела́ешь	wünschen
минера́льный, -ая, -ое *Adj.*	Mineral-
бе́лый, -ая, -ое *Adj.*	weiß
хлеб	Brot
сто	hundert
грамм	Gramm
во́дка	Wodka
знать, зна́ю, зна́ешь	kennen, wissen
Кремль *m.*	der Kreml
кра́сный, -ая, -ое *Adj.*	rot

Lektion 8

пло́щадь *f.*	Platz	ты бу́дешь	du wirst
Кра́сная пло́щадь	der Rote Platz	жить, живу́, живёшь	leben, wohnen
большо́й, -а́я, -о́е *Adj.*	groß	гости́ница	Hotel
		Украи́на	Ukraine
Большо́й теа́тр	das Bolschoj-Theater	ка́рта	Karte
у́лица	Straße	проспе́кт	breite Straße, Prospekt
у́лица Го́рького	Gorki-Straße		
свобо́дно *Adv.*	frei	ря́дом	neben(an), daneben
изве́стный, -ая, -ое *Adj.*	bekannt, berühmt	(ста́нция) метро́	Metro(station)
фи́нский, -ая, -ое *Adj.*	finnisch	„Ки́евская"	„Kiewskaja"
		оди́ннадцать	elf
пра́вда	Wahrheit; wirklich	опа́здывать, опа́здываю, опа́здываешь	sich verspäten
и ... и	sowohl ... als auch		
где	wo		

Im Erklärungsteil:

царь *m.*	Zar	А́нглия	England
го́род	Stadt	Сиби́рь *f.*	Sibirien
интервью́	Interview	фи́рма	Firma
ра́дио	Radio	знако́мый	Bekannter
филе́	Filet	взро́слый	Erwachsener
кафе́	Café	знако́мая	Bekannte
Герма́ния	Deutschland	дежу́рная	Etagenfrau, Diensthabende
Ита́лия	Italien		
Финля́ндия	Finnland	гуля́ть, гуля́ю, гуля́ешь	spazierengehen, bummeln
Фра́нция	Frankreich		

Außerdem kommen im Text der im Buch nicht abgedruckten Filmszenen noch folgende wichtige Wörter vor:

смотре́ть, смотрю́, смо́тришь	sehen, (an)schauen	журна́л	Zeitschrift
		открыва́ть, открыва́ю, открыва́ешь	öffnen
кни́га	Buch		
коне́чно	selbstverständlich		

Erklärungen

Genus der Substantive

Bereits in Lektion 5 war die Rede vom Geschlecht der Substantive. Fassen wir hier unsere Kenntnisse noch einmal zusammen und erweitern sie ein wenig.

Lektion 8

Genus	Endung	Erläuterungen und Beispiele
m.	–	Die meisten maskulinen Substantive haben keine geschlechtsspezifische Endung, d.h. sie enden konsonantisch: Иван Петрович Гурин, пенсионер, город, фильм, музей, чай.
	-ь	Einige Maskulina enden mit einem Weichheitszeichen: учитель, царь, день, Кассель, Кремль, октябрь.
f.	-а	Die meisten femininen Substantive haben die Endung -а: Ирина Петровна Гурина, пенсионерка, правда, Москва. Auf das grammatische und natürliche Geschlecht von папа, дедушка, дядя usw. wurde schon in Lektion 7 hingewiesen.
	-я	Viele Feminina haben die weiche Endung -я: Надя, семья, идея.
	-ия	Viele Fremdwörter und Ländernamen haben die feminine Endung -ия: Германия, Италия, Финляндия, Франция, Англия
	-ь	Einige Feminina enden auch mit einem Weichheitszeichen. Da aber auch männliche Substantive diese Endung haben können, muß man sich merken, welche Wörter männlich und welche weiblich sind. площадь, Сибирь, мать, дочь.
n.	-о	Die meisten sächlichen Substantive enden auf -о: место, метро, вино, Осло.
	-е	Viele Neutra haben die weiche Endung -е: море, сожаление. Zahlreiche Fremdwörter sind im Russischen ungeachtet ihrer Endung sächlich. Diese Wörter sind unveränderlich, d.h. sie lassen sich nicht deklinieren: такси, хобби, меню, интервью, метро, бюро, какао, кино, радио, купе, филе, шоссе, кафе.

Lektion 8

Adjektive

Das russische Adjektiv richtet sich in Genus, Kasus und Numerus nach dem Substantiv, auf das es sich bezieht. Die am häufigsten vorkommenden Adjektivendungen (Nominativ Singular) finden Sie in der folgenden Tabelle:

maskulinum	femininum	neutrum
до́брый ве́чер Большо́й теа́тр ру́сский конди́тер	до́брая ба́бушка больша́я фи́рма ру́сская фами́лия	до́брое у́тро большо́е шоссе́ ру́сское о́тчество

Ist das Adjektiv endbetont, so lautet die männliche Endung **-о́й** (большо́й).

Nach **г, к, х** steht niemals -ы, sondern immer **-и** (ру́сский).

Substantive mit adjektivischer Endung

Einige Substantive, darunter häufig Familiennamen, haben eine adjektivische Endung; sie werden auch wie Adjektive dekliniert.

Genus	Endung	Beispiele
m.	-ый -ий -о́й	знако́мый *(Bekannter)*, взро́слый *(Erwachsener)* Достое́вский, Чайко́вский, ру́сский Толсто́й
f.	-ая	знако́мая *(Bekannte)*, дежу́рная *(Etagenfrau, Diensthabende)*
n.	-ое	моро́женое, шампа́нское *(Sekt)*

Lektion 8

Verben der e-Konjugation

	знать *wissen, kennen*
я	зна́ю
ты	зна́ешь
он, она́, оно́	зна́ет
мы	зна́ем
вы	зна́ете
они́	зна́ют

Ebenso wie знать werden folgende Verben konjugiert:

опа́здывать	*sich verspäten*
жела́ть	*wünschen*
открыва́ть	*öffnen*
гуля́ть	*spazierengehen, bummeln*
погуля́ть	*ein wenig spazierengehen*

Verben der i-Konjugation

	смотре́ть *sehen, (an)schauen*	ви́деть *sehen, sehen können, erblicken*
я	смотрю́	ви́жу
ты	смо́тришь	ви́дишь
он, она́, оно́	смо́трит	ви́дит
мы	смо́трим	ви́дим
вы	смо́трите	ви́дите
они́	смо́трят	ви́дят

Das Präteritum von быть (= *sein*)

Im Russischen gibt es nur eine Vergangenheit. Это не тру́дно! Somit kann он был je nach Textzusammenhang heißen *er war, er ist gewesen* oder *er war gewesen*.

	быть *sein*
я	был, была́
ты	был, была́
он	был
она́	была́
оно́	бы́ло
мы, вы, они́	бы́ли

Die Formen des Präteritums richten sich nach dem Geschlecht und der Zahl des Subjekts. Eine männliche Person, die von sich spricht, sagt я был, eine weibliche sagt я была́. Wenn man eine männliche Person per „du" anredet, sagt man ты был, wenn man eine weibliche anredet, sagt man ты была́, und wenn man jemanden siezt, sagt man вы бы́ли. Für die erste, zweite und dritte Person Plural gibt es nur eine Form: бы́ли.

Lektion 8

Redewendungen:

Пошли́!	Eigentlich ist **пошли́** die Vergangenheitsform des Verbs **пойти́** *gehen*. In der Umgangssprache wird dieser Ausdruck gern als Aufforderung verwendet, wenn z.B. mehrere Personen im Aufbruch begriffen sind und man ein wenig zur Eile antreiben möchte: *(Also los,) gehen wir (endlich)*.
Пойдём!	Hier handelt es sich ebenfalls um einen Imperativ der gemeinsamen Handlung: *Gehen wir doch! / Laß(t) uns gehen!*
Споко́йной но́чи!	*Gute Nacht! (wörtl.: ruhige Nacht)*
Счастли́вого пути́!	*Gute Reise! (wörtl.: glücklicher Weg)* Bei der Aussprache ist zu beachten, daß die Konsonantenverbindung сч wie ш ausgesprochen wird. In der Kombination стл ist das т nicht zu hören.
Всего́ до́брого! Всего́ хоро́шего!	*Alles Gute!* Diese beiden Ausdrücke, die man alternativ verwenden kann, gehören fast obligatorisch zu einer Verabschiedung.
До свида́ния!	*Auf Wiedersehen! (wörtl.: bis zum Wiedersehen)*

Lektion 8

Übungen

1. *Setzen Sie die passende Vergangenheitsform von* быть *ein:*
   a. Па́па и ма́ма .... до́ма *(zu Hause)*.
   b. Мой де́душка .... в па́рке *(im Park)*.
   c. На́ша колле́га .... в бюро́ *(im Büro)*.
   d. Вы .... на Кавка́зе *(im Kaukasus)?*
   e. Они́ .... в кино́ *(im Kino)* и пото́м в теа́тре *(im Theater)*.
   f. На́дя, ты .... в о́пере *(in der Oper)?*
   g. Да, ... о́чень интере́сно.
   h. Орке́стр .... в Ло́ндоне *(in London)*.
   i. Де́ти .... в шко́ле *(in der Schule)*.

2. *Kreuzen Sie in den folgenden Sätzen das richtige Possessivpronomen an:*

   Beispiel: Где мой ☒ / моя́ ☐ / моё ☐ / мой ☐ журна́л?

   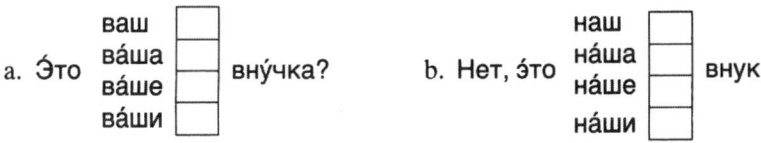

   a. Э́то ваш ☐ / ва́ша ☐ / ва́ше ☐ / ва́ши ☐ вну́чка?
   b. Нет, э́то наш ☐ / на́ша ☐ / на́ше ☐ / на́ши ☐ внук.

   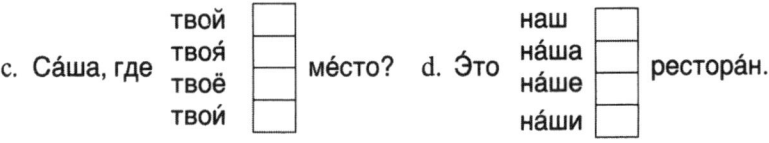

   c. Са́ша, где твой ☐ / твоя́ ☐ / твоё ☐ / твой ☐ ме́сто?
   d. Э́то наш ☐ / на́ша ☐ / на́ше ☐ / на́ши ☐ рестора́н.

   e. Ма́ма говори́т: Где мой ☐ / моя́ ☐ / моё ☐ / мой ☐ де́ти?

   f. Ле́на, э́то твои ☐ / твоя́ ☐ / твоё ☐ / твой ☐ моро́женое?

Lektion 8

g. Где
- ваш ☐
- ваша ☐
- ваше ☐
- ваши ☐

багаж?

h. Вот здесь, это
- мой ☐
- моя ☐
- моё ☐
- мой ☐

бабушка и дедушка.

i. Где
- наш ☐
- наша ☐
- наше ☐
- наши ☐

сувениры?

j. Это
- наш ☐
- наша ☐
- наше ☐
- наши ☐

учитель.

3. *Welches ist die richtige Antwort oder Reaktion auf die gestellte Frage? Kreuzen Sie an:*

1. Как их зовут?

a. ☐ Её зовут Ирина.
b. ☐ Меня зовут Лена.
c. ☐ Их зовут Павел и Макс.

2. Извините, вы немецкий студент?

a. ☐ Да, я известный актёр.
b. ☐ Да, правда.
c. ☐ По-моему, да.

3. Куда вы едете?

a. ☐ Счастливого пути!
b. ☐ Это Киев.
c. ☐ В Москву, к сыну.

4. Наташа, погуляем в парке?

a. ☐ Ну давай, это хорошая идея.
b. ☐ Мы гуляем в центре.
c. ☐ Это было хорошо.

5. Вы уже́ бы́ли в Москве́?
   a. ☐ К сожале́нию, ещё *(noch)* нет.
   b. ☐ Я еду́ в Минск.
   c. ☐ Да, э́то моя́ гости́ница „Украи́на".

6. У вас есть минера́льная вода́?
   a. ☐ Да, моя́ ма́ма фи́нка.
   b. ☐ Пошли́. Споко́йной но́чи.
   c. ☐ Да, коне́чно есть.

4. *Beantworten Sie die Fragen, und verwenden Sie dabei die in Klammern angegebenen Adjektive in der richtigen Form:*
   Кака́я э́то во́дка? (ру́сский) → Э́то ру́сская во́дка.
   a. Како́е э́то шампа́нское? (ру́сский) b. Како́й э́то чай? (инди́йский) c. Кака́я э́то актри́са? (изве́стный) d. Како́й э́то хлеб? (бе́лый) e. Како́е э́то метро́? (моско́вский) f. Како́й э́то студе́нт? (интеллиге́нтный) g. Кака́я э́то пло́щадь? (Кра́сный) h. Кака́я э́то кни́га? (интере́сный) i. Како́е э́то ме́сто? (свобо́дный) j. Како́й э́то музе́й? (фи́нский)

5. *Beantworten Sie die Fragen, und verwenden Sie dabei die in Klammern stehenden Wörter.*
   Beispiel: Кто е́дет в Москву́? (мы) → Мы е́дем в Москву́.
   a. Кто говори́т по-ру́сски? (я) b. Кто понима́ет по-фи́нски? (Бори́с и Хе́йкки) c. Кто хорошо́ зна́ет ру́сский рома́н „До́ктор Жива́го"? (вы) d. Кто гуля́ет? (я) e. Кто смо́трит телеви́зор? (ты) f. Кто ви́дит ваго́н но́мер три? (я) g. Кто опа́здывает? (мы) h. Кто гуля́ет в па́рке? (де́душка и ба́бушка) i. Кто зна́ет, где гости́ница „Москва́"? (гид) j. Кто е́дет в центр? (ты) k. Кто смо́трит америка́нский фильм? (студе́нты)

Lektion 9

Text

Бабушка звонит по телефону

Ю.Б. = Юрий Борисович = Jurij Borissowitsch
Н.А. = Нина Александровна = Nina Aleksandrowna
О. = Ольга = Olga
Л. = Людмила = Ljudmila
С. = Серёжа = Serjoscha
Тел. = Телефонистка = Telefonistin

О.	Доброе утро!	Guten Morgen!
Ю.Б.	Доброе утро!	Guten Morgen!
О.	Ой, какой торт!	Oh, was für eine Torte!
Л.	Да, это бабушка приготовила.	Ja, die hat Oma gebacken.
О.	Как вкусно! ... К сожалению, день рождения только раз в году ...	Wie lecker! ... Schade, Geburtstag ist nur einmal im Jahr ...
Н.А.	Алло! Алло ...	Hallo! Hallo ...
Л.	Тише, Олечка! Бабушка звонит по телефону.	Leiser, Oletschka! Oma telefoniert.
Н.А.	Юра, какой номер?	Jura, welche Nummer?
Ю.Б.	Что?	Was?
Н.А.	Какой номер?	Welche Nummer?
Ю.Б.	Вот номер: 233-68-09 (двести тридцать три – шестьдесят восемь – ноль девять).	Hier ist die Nummer: 233-68-09 (zweihundertdreiundreißig – achtundsechzig – null neun).
О.	Куда она звонит?	Wohin telefoniert sie?
Л.	Она звонит в Москву.	Sie telefoniert nach Moskau.
О.	Почему она звонит в Москву?	Warum telefoniert sie nach Moskau?

Lektion 9

Л.	Оля, дядя Серёжа ещё не знает, что бабушка и дедушка сейчас в Выборге.	Olja, Onkel Serjoscha weiß noch nicht, daß Oma und Opa jetzt hier in Wyborg sind.
Тел.	Алло!	Hallo!
Н.А.	Алло, это парикмахерская? Можно Сергея Юрьевича?	Hallo, ist da der Friseursalon? Kann ich Sergej Jurjewitsch sprechen?
Тел.	Серёжа? Минуточку ... Серёжа! Вас к телефону!	Serjoscha? Einen Augenblick ... Serjoscha! Sie werden am Telefon verlangt!
С.	Спасибо, сейчас иду! – Простите, я на минутку отлучусь!	Danke, ich komme sofort! – Entschuldigen Sie, ich verlasse Sie für eine Minute.
С.	Алло! ... Алло!	Hallo! ... Hallo!
Н.А.	Серёжа, это ты? Ты меня слышишь?	Serjoscha, bist du es? Kannst du mich hören?
С.	Да, теперь слышу.	Ja, jetzt höre ich dich.
Н.А.	Здравствуй! Это мама говорит.	Guten Tag! Hier spricht Mutti.
С.	Привет мама! Как дела?	Hallo Mutti! Wie geht´s?
Н.А.	Спасибо, хорошо. Папа и я уже в Выборге.	Danke, gut. Vati und ich sind schon in Wyborg.
С.	Что ты говоришь? Уже в Выборге? Ну, как Хельсинки?	Was sagst du? Schon in Wyborg? Nun, wie ist Helsinki?
Н.А.	Было очень интересно. Мы много и увидели.	Es war sehr interessant. Wir haben auch viel gesehen.
С.	Говорят, что это красивый город.	Man sagt, daß es eine schöne Stadt ist.
Н.А.	Очень красивый.	Sehr schön.
С.	Что это?	Was ist das?
Н.А.	Где? – А-а, это птица!	Wo – Ah, das ist ein Vogel!

Lektion 9

O.	Тише, бабушка звонит по телефону! Ты знаешь, куда она звонит по телефону? Она звонит в Москву.	Leiser, Großmutter telefoniert! Weißt du, wohin sie telefoniert? Sie telefoniert nach Moskau.
C.	А какая была погода?	Und was für ein Wetter war?
Н.А.	Было немного холодно.	Es war etwas kalt.
C.	Ну, хорошо. – Поговорим, когда вы будете дома. Когда вы приедете?	Nun, gut. – Wir sprechen uns, wenn ihr zuhause seid. Wann kommt ihr an?
Н.А.	Завтра вечером, в одиннадцать часов. – Ну ладно, передавай всем привет.	Morgen Abend, um 11 Uhr. – Nun gut, grüße alle!
C.	Ты тоже. До свидания, мама.	Du auch. Auf Wiedersehen, Mutti.
Н.А.	До свидания, Серёжа.	Auf Wiedersehen, Serjoscha.

Neue Wörter

Im Text

звонить, звоню, звонишь	läuten, klingeln
звонить по телефону	telefonieren
телефонистка	Telefonistin
приготовить, приготовлю, приготовишь	(zu)bereiten, (fertig)machen, kochen
она приготовила *Präteritum*	sie bereitete zu, sie hat zubereitet
вкусно *Adv.*	lecker, schmackhaft
день рождения	Geburtstag
раз	einmal
в году	im Jahr
„К сожалению, день рождения только раз в году"	*Refrain des beliebten russischen Kinderliedes vom Krokodil Gena*
тише	leiser, Ruhe! Still!
почему	warum
ещё	noch
Вас к телефону	Sie werden am Telefon verlangt
идти, иду, идёшь	gehen
простите	entschuldigen Sie, Verzeihung
я вас отлучусь	ich verlasse Sie
слышать, слышу, слышишь	hören, hören können, vernehmen
теперь	jetzt
Как дела?	Wie geht's?
много	viel
мы увидели	wir sahen
говорят	man sagt
птица	Vogel
погода	Wetter

Lektion 9

хо́лодно *Adv.*	kalt	прие́хать, прие́ду, прие́дешь	ankommen *(mit einem Fahrzeug)*
поговори́м	wir werden sprechen		
когда́	wenn, wann	за́втра	morgen
вы бу́дете	ihr werdet sein	ве́чером	abends, am Abend
до́ма	zuhause	в 11 часо́в	um 11 Uhr

Im Erklärungsteil:

зда́ние	Gebäude	дава́ть, даю́, даёшь	geben

Erklärungen

Präpositiv

Während wir auf die Frage **Куда́?** *(Wohin?)* mit den Präpositionen **в** und **на** und dem Akkusativ antworten, müssen wir auf die Frage **Где?** *(Wo?)* zwar ebenfalls mit den Präpositionen **в** und **на**, dann aber mit dem Präpositiv antworten.

Der Präpositiv ist im Singular in der Regel durch die Endung **-е** gekennzeichnet. Beachten Sie aber, daß die Feminina auf **-ь** und auf **-ия** sowie die Neutra auf **-ие** im Präpositiv die Endung **-и** haben.

Geschlecht	Nominativ	Präpositiv
m.	теа́тр Кремль	(в) теа́тре (в) Кремле́
f.	о́пера семья́ А́нглия пло́щадь	(в) о́пере (в) семье́ (в) А́нглии (на) пло́щади
n.	ме́сто мо́ре зда́ние	(на) ме́сте (в) мо́ре (в) зда́нии

Lektion 9

Ба́бушка и де́душка уже́ в Вы́борге.	*Großmutter und Großvater sind schon in Wyborg.*
Хе́йкки, где ты бу́дешь жить в Москве́?	*Heikki, wo wirst du in Moskau wohnen?*
Он бу́дет жить в гости́нице „Украи́на".	*Er wird im Hotel „Ukraina" wohnen.*
Хе́йкки уже́ был в Кремле́.	*Heikki war schon im Kreml.*

Verben der i-Konjugation

	звони́ть *läuten, klingeln*
я	звоню́
ты	звони́шь
он, она́, оно́	звони́т
мы	звони́м
вы	звони́те
они́	звоня́т

звони́ть по телефо́ну	*telefonieren*
звони́ть кому́[1]	*jmd. anrufen*
Она́ звони́т сы́ну.	*Sie ruft den Sohn an.*

	слы́шать *hören (können), vernehmen*[2]
я	слы́шу
ты	слы́шишь
он, она́, оно́	слы́шит
мы	слы́шим
вы	слы́шите
они́	слы́шат

Ты меня́ слы́шишь?	*Hörst du mich? / Kannst du mich hören?*
Да, тепе́рь слы́шу.	*Ja, jetzt höre ich (dich).*
Aber:	
Он слу́шает му́зыку.	*Er hört Musik.*

---

[1] Im Deutschen heißt es „jemanden anrufen" (wen, Akkusativ). Das russische Verb звони́ть verlangt aber den Dativ (кому́ = wem).

[2] слы́шать bedeutet *hören können* oder *akkustisch wahrnehmen* im Gegensatz zu слу́шать, was *hören* im Sinne von *anhören, zuhören, lauschen* bedeutet.

Lektion 9

Verben der e-Konjugation

	идти́ *kommen*		
я	иду́	Сейча́с иду́!	*Ich komme sofort!*
ты	идёшь	прийти́, приду́,	*(zu Fuß) kommen,*
он, она́, оно́	идёт	придёшь	*ankommen*
мы	идём	Когда́ ты	*Wann kommst du?*
вы	идёте	придёшь?	
они́	иду́т		

	дава́ть *geben*	дава́й!	*Gib! Los! Komm!*
я	даю́	дава́йте!	*Gebt! Los! Kommt!*
ты	даёшь	передава́ть	*übergeben, über-*
он, она́, оно́	даёт	Konjugation	*bringen, ausrichten*
мы	даём	wie дава́ть	
вы	даёте	Передава́й	*Richte Grüße aus!*
они́	даю́т	приве́т!	

97

Lektion 9

Das Futur von быть *(sein)*

я	бу́ду	ich werde sein
ты	бу́дешь	du wirst sein
он, она́, оно́	бу́дет	er, sie, es wird sein
мы	бу́дем	wir werden sein
вы	бу́дете	ihr werdet sein
они́	бу́дут	sie werden sein

Когда́ вы бу́дете до́ма?   *Wann werdet ihr zuhause sein?*
Когда́ мы бу́дем в Вы́борге?   *Wann werden wir in Wyborg sein?*

Die Grundzahlen von 20 bis 299

20	два́дцать	80	во́семьдесят
21	два́дцать оди́н	90	девяно́сто
22	два́дцать два	100	сто
23	два́дцать три	101	сто оди́н
	u.s.w.	102	сто два
30	три́дцать	146	сто со́рок шесть
40	со́рок	187	сто во́семьдесят семь
50	пятьдеся́т	200	две́сти
60	шестьдеся́т	223	две́сти два́дцать три
70	се́мьдесят	299	две́сти девяно́сто де́вять

Russische Telefonnummern werden immer in einem Hunderter- und zwei Zehnerblöcken genannt und geschrieben:
243-58-22 – две́сти со́рок три - пятьдеся́т во́семь - два́дцать два.

Redewendungen

на мину́тку	*für eine Minute / für einen Moment*
ти́ше	*leiser / Ruhe! / Still!*
да́льше	*weiter / ferner*
Ти́ше е́дешь, да́льше бу́дешь.	*(Sprichwort:) Eile mit Weile*
Ну ла́дно.	*Nun gut. / Schön, einverstanden.*
Сейча́с иду́!	*Ich komme sofort!*
Передава́й (всем) приве́т!	*Richte (allen) Grüße aus!*

Lektion 9

Übungen

1. **Где вы были летом?** *Sagen Sie, wo Sie im Sommer gewesen sind.*
   Beispiel: Минск → Летом я был(а) /мы были в Минске.

   a. Лондон
   b. Варшава
   c. Париж
   d. Польша
   e. Тула
   f. Ленинград
   g. Канада
   h. Рим
   i. Кавказ

2. *Konjugieren Sie im ganzen Satz:*
   a. Я приеду домой завтра вечером. Ты ...
   b. Я передаю привет. Ты ...

3. *Reagieren Sie auf die Vorschläge nach folgendem Muster ablehnend:*
   Beispiel: Иван, давай пойдём в театр! - Я уже был в театре.

   a. Мама, давай пойдём в оперу! b. Анна Сергеевна, давайте пойдём в кино! c. Коля, давай пойдём в цирк! d. Бабушка, давай пойдём в кафе! e. Профессор Антонов, пойдём в консерваторию! f. Женя и Юра, давайте пойдём в Кремль! g. Максим, давай пойдём на стадион! h. Алексей, давай пойдём в зоопарк!

4. *Setzen Sie die in Klammern stehenden Verben in der jeweils erforderlichen Form des Präsens ein:*
   Beispiel: Мы (ехать) на Кавказ. → Мы едем на Кавказ.

   a. Когда ты (звонить) в Москву? b. Сейчас я (звонить) сыну. c. Вы меня (слышать)? d. Да, теперь я вас хорошо (слышать). e. Куда (идти) дети? f. Оля (идти) в школу, а Женя (идти) в детский сад *(Kindergarten)*. g. Ты уже прекрасно (говорить) по-русски. h. Почему он всегда *(immer)* (опаздывать)? i. Вечером Иван Васильевич (смотреть) телевизор. j. Почему ты не (смотреть) передачу *(Sendung)* „Пожалуйста, по-русски!"?

5. *Lesen Sie laut folgende Telefonnummern:*
   a. 265-33-52 b. 124-41-86 c. 278-99-71 d. 190-55-44 e. 225-39-00

Lektion 9

6. *Welche Adjektive passen zu dem nachfolgenden Substantiv? Ähnlich wie im Film sollen Sie sich den Kennbuchstaben nach dem jeweils richtigen Adjektiv herausschreiben. Der Reihe nach gelesen ergeben diese Buchstaben einen kleinen Satz aus vier Wörtern.*

a. Какой вкусный [к]
   Какая вкусная [п] мороженое!
   Какое вкусное [т]

b. наш красивый [и]
   наша красивая [е] город
   наше красивое [ю]

c. английский [ч]
   английская [ш] актриса
   английское [х]

d. Там очень плохой [я]
   Там очень плохая [е] погода.
   Там очень плохое [о]

e. Какой оригинальный [а]
   Какая оригинальная [л] здание!
   Какое оригинальное [е]

f. мой хороший [д]
   моя хорошая [р] дедушка
   моё хорошее [т]

g. твой красивый [ы]
   твоя красивая [е] жена
   твоё красивое [й]

h. известный итальянский [ш]
   известная итальянская [ь] композитор
   известное итальянское [ц]

i. французский [б]
   французская [ы] шампанское
   французкое [ь]

j. бе́лый [г]
   бе́лая [в] вино́
   бе́лое [д]

k. А́ня ру́сская. У неё кра́сный [а]
   А́ня ру́сская. У неё кра́сная [о] па́спорт.
   А́ня ру́сская. У неё кра́сное [е]

l. большо́й [л]
   больша́я [м] дом
   большо́е [к]

m. изве́стный [ь]
   изве́стная [в] актёр
   изве́стное [с]

n. В Кремле́ есть кра́сный [ш]
   В Кремле́ есть кра́сная [ч] телефо́н.
   В Кремле́ есть кра́сное [я]

o. хоро́ший [д]
   хоро́шая [е] пого́да
   хоро́шее [ж]

p. мой счастли́вый [х]
   моя́ счастли́вая [б] ба́бушка
   моё счастли́вое [р]

q. Балти́йский [з]
   Балти́йская [ф] мо́ре
   Балти́йское [у]

r. Како́й миниатю́рный [т]
   Кака́я миниатю́рная [д] кни́га!
   Како́е миниатю́рное [г]

s. драмати́ческий [е]
   драмати́ческая [а] теа́тр
   драмати́ческое [и]

Lektion 9

t. класси́ческий   л
   класси́ческая   ш   му́зыка
   класси́ческое   ю

u. Како́й прия́тный   ь
   Кака́я прия́тная   у   ве́чер!Спаси́бо!
   Како́е прия́тное   э

Lektion 10

Text

Что ты любишь?

Х. = Хейкки = Heikki
Н. = Николай = Nikolaj
Нез. = Незнакомка = Unbekannte

Н.	Доброе утро, Хейкки!	Guten Morgen, Heikki!
Х.	Доброе утро!	Guten Morgen!
Н.	Хейкки, можно открыть окно? В коридоре все окна открыты, а здесь в купе душно.	Heikki, darf ich das Fenster öffnen? Im Gang sind alle Fenster geöffnet, aber hier im Abteil ist es stickig.
Х.	Конечно, можно.	Selbstverständlich darfst Du.
Н.	Кажется, сегодня в Москве будет хорошая погода.	Anscheinend wird heute in Moskau schönes Wetter sein.
Х.	Можно, можно ... радио?	Darf ich, darf ich das Radio ...?
Н.	Можно!	Ja!
Нез.	Можно?	Gestatten Sie?
Н.	Да!	Bitte!
Нез.	Извините, у вас есть спички?	Entschuldigen Sie, haben Sie Streichhölzer?
Н.	Спички? Да, пожалуйста.	Streichhölzer? Ja, bitte.
Нез.	Извините, вы русские?	Entschuldigen Sie, sind Sie Russen?
Н.	Да, я русский, а он финн.	Ja, ich bin Russe, aber er ist Finne.
Нез.	Большое спасибо за спички.	Vielen Dank für die Streichhölzer.
Х.	Можно?	Darf ich?
Н.	Можно! – Хейкки, какие хорошие словари!	Ja! – Heikki, was für gute Wörterbücher!

103

Lektion 10

X.	Хорóшие, тóлько бóльшие.	Gut, aber groß.
H.	Мóжно посмотрéть?	Darf ich sehen?
X.	Конéчно, пожáлуйста.	Natürlich, bitte.
H.	Фи́нско-ру́сский словáрь, ру́сско-фи́нский словáрь.	Finnisch-russisches Wörterbuch, russisch-finnisches Wörterbuch.
X.	Да. А вот э́то – фантáстика.	Ja. Und das hier ist ein Science-fiction.
H.	А ты лю́бишь фантáстику?	Magst du Science-fiction?
X.	Да.	Ja.
H.	Хéйкки, а каки́е у тебя́ ещё есть увлечéния?	Heikki, und welche Interessen hast Du sonst noch?
X.	Ещё?	Sonst noch?
H.	Хóбби. Увлечéния.	Hobbies, Interessen.
X.	А-а, я люблю́ теáтр, кинó ... момéнт ... дéвушки и му́зыку!	Ah, ich mag das Theater, das Kino ... Moment ... Mädchen und Musik!
H.	Моя́ сестрá тóже лю́бит концéрты.	Meine Schwester mag auch Konzerte.

Neue Wörter

Im Text

незнакóмка	Unbekannte	спи́чка	Streichholz
люби́ть, люблю́, лю́бишь	lieben, mögen, gernhaben	словáрь *m.*	Wörterbuch
		тóлько	nur
окнó	Fenster	Мóжно посмотрéть?	Darf ich/man (mal) sehen/anschauen?
Мóжно откры́ть окнó?	Darf ich/man das Fenster öffnen?	фантáстика	Phantastik; Science-fiction
коридóр	Korridor, Gang		
Все óкна откры́ты.	Alle Fenster sind geöffnet.	увлечéние	Begeisterung, Leidenschaft, Interesse
ду́шно *Adv.*	stickig, schwül		
сегóдня[1]	heute	хóбби	Hobby

---
[1] Das г wird wie w gesprochen.

Lektion 10

Im Erklärungs- und Übungsteil und in der Fernsehfolge

слу́шать,	(an)hören, zuhören	село́	Dorf
слу́шаю,		райо́н	Bezirk
слу́шаешь		о́бласть *f.*	Gebiet
я́блоко	Apfel	вход	Eingang
пи́во	Bier	подъе́зд	Tür, Eingang,
цветы́ *Pl.*	Blumen		Aufgang, Zufahrt
оди́н, одна́, одно́	ein, eine, ein	эта́ж	Etage, Stock
час	Stunde	кварти́ра	Wohnung
в + *Akk.*	um *zeitlich*	встре́ча	Treffen, Begegnung
кото́рый, -ая, -ое	welcher	до +*Gen.*	bis
кото́рый час?	wieviel Uhr?	до встре́чи	bis bald *wörtl.: bis*
в кото́рый час?	um wieviel Uhr?		*zum Treffen*
вчера́	gestern	зна́чит так:	also:
у́тром	morgens	ко́фе *m.*	Kaffee
днём	tagsüber	пе́рсик	Pfirsich
но́чью	nachts	ста́рый, -ая, -ое	alt
купи́ть, куплю́,	kaufen	симпати́чный,	sympathisch
ку́пишь *vollendeter*		-ая, -ое	
Aspekt		типи́чный, -ая,	typisch
гео́лог	Geologe	-ое	
ба́шня	Turm	кру́глый, -ая,	rund
а́рмия	Armee	-ое	
по́езд	Zug, Eisenbahn	тру́дный, -ая,	schwierig, schwer
друг *Pl.:* друзья́	Freund	-ое	
письмо́	Brief	лю́ди *Pl.*	Leute, Menschen
земля́	Land, Erde	дорого́й, -а́я, -о́е	lieb, teuer
до́брый, -ая, -ое	gut	приходи́те!	kommen Sie!,
и́ндекс	Index, Postleitzahl		kommt!

Erklärungen

Verben der i-Konjugation

	люби́ть *lieben,*
	mögen, gern haben
я	люблю́
ты	лю́бишь
он, она́, оно́	лю́бит
мы	лю́бим
вы	лю́бите
они́	лю́бят

105

Lektion 10

Beachten Sie, daß in der ersten Person Singular ein **л** eingeschoben wird! Wird ein Objekt der Liebe (wen oder was) benannt, so steht dieses – wie auch im Deutschen – im Akkusativ.

Die Verwendungsmöglichkeiten des Verbs любить sind sehr vielseitig, wie die folgenden Beispiele zeigen:

Я люблю тебя.	*Ich liebe dich.*
Я его не люблю.	*Ich mag/liebe ihn nicht.*
Я люблю театр.	*Ich liebe/mag das Theater.*
Я люблю говорить по-русски.	*Ich spreche gern russisch.*
Я люблю слушать музыку.	*Ich höre gern Musik.*
Я люблю, когда хорошая погода.	*Ich liebe es/habe es gern, wenn gutes Wetter ist.*
Я люблю яблоки.	*Ich esse gerne Äpfel.*
Я люблю пиво.	*Ich trinke gerne Bier.*
Цветы любят воду.	*Blumen brauchen Wasser.*

Die Grundzahlen von 11 bis 19

11	одиннадцать	16	шестнадцать
12	двенадцать	17	семнадцать
13	тринадцать	18	восемнадцать
14	четырнадцать	19	девятнадцать
15	пятнадцать		

Die Zahl один

Die Zahl один weist, wie ein Adjektiv, verschiedene Formen auf, deren Verwendung von dem Geschlecht des nachfolgenden Substantivs abhängt:

один дом	*ein Haus*
одна сестра	*eine Schwester*
одно окно	*ein Fenster*

Lektion 10

Die Uhrzeit

Zeitangaben wie „1 Uhr, 2 Uhr etc." werden mit Hilfe des Wortes час *(Stunde)* gebildet. Nach der Zahl 1 sowie nach Zahlen, die als letztes Glied eine 1 haben (außer 11), steht час im Nominativ Singular: 1 час, 21 час.

In Verbindung mit den Zahlen 2, 3, 4 und allen zusammengesetzten Zahlen, die auf 2, 3, 4 enden (außer 12, 13, 14), steht der Genitiv Singular, der auf -а endet: 2 часа́, 23 часа́.

Nach den Zahlen ab 5, solchen, die auf 5 bis 0 enden sowie nach den Zahlen 11, 12, 13, 14 steht der Genitiv Plural mit der Endung -ов: 5 часо́в, 11 часо́в, 20 часо́в.

Die Zeitangabe „um ... Uhr" wird mit Hilfe der Präposition в gebildet: в оди́н час, в три часа́, в 6 часо́в.

Кото́рый час *(Wieviel Uhr?)*   В кото́рый час? *Um wieviel Uhr?*

1	час[1]
2 3 4	часа́
5 6 7 ... 20	часо́в

в	1	час[1]
в	2 3 4	часа́
в	5 6 7 ... 20	часо́в

Weitere Zeitangaben

вчера́	*gestern*	у́тром	*morgens*	сейча́с	*jetzt, sofort*
сего́дня	*heute*	днём	*tagsüber*	тепе́рь	*jetzt*
за́втра	*morgen*	ве́чером	*abends*	пото́м	*dann, danach*
		но́чью	*nachts*	всегда́	*immer*

---
[1] Bei der Zeitangabe „1 Uhr" kann die Zahl оди́н weggelassen werden; also оди́н час oder einfach час.

Lektion 10

мо́жно *(man kann/darf; es ist möglich)*
Мо́жно ist ein sehr praktisches und häufig benutztes Wörtchen. Es kann mit entsprechender Mimik, Gestik oder Intonation als Kurzfrage oder Kurzantwort dienen:

Мо́жно?	*Darf man/ich (mal)? Kann man/ich (mal)?*
Мо́жно.	*Man kann/darf. Sie dürfen. Bitte sehr.*

Natürlich kann man seine Frage bzw. seinen Wunsch auch präzisieren. Dann folgt auf **мо́жно** der Infinitiv:

Мо́жно откры́ть окно́?	*Kann ich das Fenster öffnen?*
Мо́жно посмотре́ть ...?	*Darf ich (mal) ... ansehen?*
Где мо́жно купи́ть биле́ты?	*Wo kann man Eintritts-/Fahrkarten kaufen?*
Биле́ты мо́жно купи́ть в ка́ссе.	*Die Karten können Sie an der Kasse kaufen.*

Vorbemerkung zu den Aspekten oder Aktionsarten

Vielleicht haben Sie sich schon gewundert, daß für ein deutsches Verb zwei russische aufgetaucht sind:
открыва́ть - откры́ть *öffnen;* смотре́ть - посмотре́ть *sehen, anschauen;* говори́ть - сказа́ть *sagen, sprechen;* гуля́ть - погуля́ть *spazierengehen;* идти́ - пойти́ *gehen;* ви́деть - уви́деть *- sehen, erblicken.*
Hier handelt es sich um die sog. Aspekte, genauer gesagt, um den unvollendeten und den vollendeten Aspekt. Darunter versteht man die Sehweise, mit der der Sprechende oder der Erzähler die jeweilige Handlung betrachtet. Diese kann zeitlich begrenzt, einmalig, abgeschlossen, bevorstehend (= vollendet) oder zeitlich unbegrenzt, wiederholt, gegenwärtig andauernd (= unvollendet) sein. Deshalb treten die meisten russischen Verben in sog. Aspektpaaren auf. Die Bedeutungsunterschiede im einzelnen sowie Regeln und Richtlinien zum Gebrauch der Aspekte werden schrittweise in späteren Lektionen behandelt. Fürs erste merken wir uns solche Ausdrücke, in denen der vollendete Aspekt vorkommt („Мо́жно откры́ть окно́?" „Скажи́те пожа́луйста," „Дава́йте, пойдём!") als feste Redewendungen. Beispiele und Übungen beziehen sich daher – sofern nicht speziell auf den vollendeten Aspekt hingewiesen wird – vorerst auf den <u>unvollendeten</u> Aspekt.

Lektion 10

Nominativ Plural der Substantive

Genus	Nominativ Singular		Nominativ Plural	
	Endung	Beispielwort	Endung	Beispielwort
m.	– – -й -ь	концéрт геóлог музéй прóфиль	-ы -и -и -и	концéрты геóлоги музéи прóфили
f.	-а -а -я -ия -ь	тéма кни́га бáшня áрмия плóщадь	-ы -и -и -ии -и	тéмы кни́ги бáшни áрмии плóщади
n.	-о -е -ие	мéсто мóре здáние	-а -я -ия	местá моря́ здáния

Die häufigsten Pluralendungen bei männlichen und weiblichen Substantiven sind -ы und -и. ы steht nach harten Konsonanten, и nach den Buchstaben г, к, х, ж, ч, ш, щ und anstelle der Nom.Sing.-Endungen й, ь, я. Sächliche Substantive enden im Plural meistens auf -а oder -я.

Ausnahmen

Betonungswechseln begegnet man bei allen drei Geschlechtern sehr häufig.

Lektion 10

Ausnahmen bei Maskulina

a. Bei einer Reihe oft gebrauchter Wörter muß man sich merken, daß der Plural auf -á bzw. -я́ lautet, wobei diese a-Laute immer betont sind:

Nom. Sing.	Nom. Pl.
го́род	города́
дом	дома́
а́дрес	адреса́
но́мер	номера́
ве́чер	вечера́
профе́ссор	профессора́
до́ктор	доктора́
по́езд	поезда́

b. Besonderheiten gibt es häufig bei Personenbezeichnungen:

Nom. Sing.	Nom. Pl.
муж	мужья́
сын	сыновья́
брат	бра́тья
друг	друзья́

Ausnahmen bei Feminina

Nom. Sing.	Nom. Pl.
жена́	жёны
сестра́	сёстры
дочь	до́чери
вода́	во́ды

Ausnahmen bei Neutra

a. Betonungswechsel:

Nom. Sing.	Nom. Pl.
окно́	о́кна
вино́	ви́на
ме́сто	места́
мо́ре	моря́
письмо́	пи́сьма

b. Plural auf -и:

Nom. Sing.	Nom. Pl.
я́блоко	я́блоки
земля́	зе́мли

Lektion 10

Nominativ Plural der Adjektive

Nom. Sing.			Nom. Pl.
m.	f.	n.	m. f. n.
до́брый	до́брая	до́брое	до́брые
ру́сский	ру́сская	ру́сское	ру́сские
большо́й	больша́я	большо́е	больши́е

Die Pluralformen sind für alle drei Geschlechter gleich.
Nach г, к, х sowie nach ж, ч, ш, щ steht immer и statt ы.

Russische Adressen
Eine russische Adresse setzt sich der Reihe nach aus folgenden Angaben zusammen:

1. Land UdSSR (СССР) / Sowjetrepublik (z.B. Каза́хская ССР);
2. Index (и́ндекс). Das ist eine sechsstellige Zahl, vergleichbar mit unserer Postleitzahl, die hier noch kombiniert ist mit einer Stadtteilnummer;
3. Stadt (го́род, *abgekürzt* г.) / Dorf (село́, *abgekürzt* с.) u.s.w.
4. ggf. Vorort / Bezirk (райо́н, р-н) / Gebiet (о́бласть, обл.) u.s.w.
5. Straße (у́лица, ул.) / Platz (пло́щадь, пл.) u.s.w.
6. Haus Nr. (дом, д.), ggf. Gebäudeblock (ко́рпус, к.), ggf. Eingang (вход, вх.) oder Tür (подъе́зд, под.), ggf. Etage (эта́ж, эт.), Wohnung Nr. (кварти́ра, кв.);
7. Nachname, Vorname, Vatersname (*im Dativ, denn „wem?" gilt der Brief*).

Lektion 10

An russischen Haustüren, Briefkästen oder Klingelknöpfen stehen in der Regel keine Namen, sondern nur die Wohnungsnummern. Da bei großen Wohnkomplexen ein Block dem anderen gleicht, ist es nicht nur für den Postboten, sondern auch für Besucher sehr wichtig, daß alle notwendigen Angaben wie Haus, ggf. Block und Eingang und die Wohnungsnummer genau stimmen.

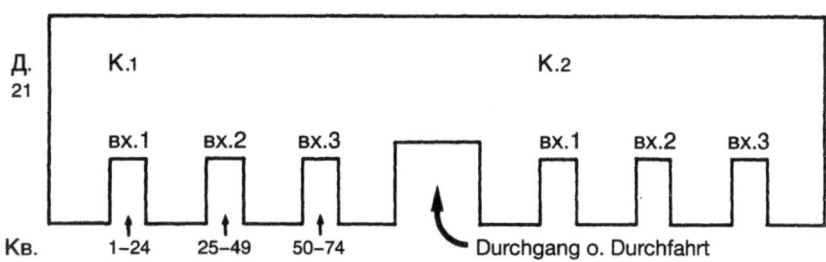

Redewendungen

До встре́чи!	Bis bald! (wörtl.: Bis zum Treffen)
До за́втра!	Bis morgen!
До ве́чера!	Bis zum Abend!
Зна́чит так:	Also:
Здесь хо́лодно / ду́шно.	Hier ist es kalt /stickig.
Все о́кна откры́ты.	Alle Fenster sind geöffnet.
Каки́е у вас (есть) увлече́ния?	Welche Hobbies haben Sie?

Übungen

1. *Rechnen Sie und schreiben Sie dann die gesuchte Zahl in Buchstaben aus. Üben Sie anschließend, alle Zahlen flüssig zu lesen:*

   a. 235 + ___ = 250   d. 199 + ___ = 210   g. 72 − ___ = 20
   b. 48 + ___ = 60   e. 24 + ___ = 102   h. 118 − ___ = 19
   c. 16 + ___ = 33   f. 188 − ___ = 174   i. 38 − ___ = 26

Lektion 10

2. *Notieren Sie die Zahlen, die Sie auf der Cassette hören:*

_____

_____

3. *Verbinden Sie die zusammenpassenden Satzteile:*

a. Я   не знаешь, где улица Горького?
Мы   очень люблю музыку.
Ты   любите русские сигареты?
Они   неплохо говорит по-английски.
Она   приедут завтра вечером.
Вы   передаём вам привет.

b. Фéдя   опаздываете! Уже 12 часов!
Пётр и Вадим   открываешь окно.
Я   любят слушать рок-музыку.
Вы   идём к бабушке.
Мы   к сожалению, не знаю, где наш гид.
Ты   сегодня не идёт в школу.

4. *Übersetzen Sie mit Hilfe des Verbs* любить:

a. Ich gehe gern im Park spazieren. b. Ich gesse gern Ananas. c. Ich trinke gern Tee. d. Ich sehe gern Sport. e. Sie liebt ihn. f. Magst du keinen Kaffee? g. Er kommt gerne zu spät (er verspätet sich gerne). h. Mögen Sie Rotwein? i. Die Kinder lieben die Großmutter. j. Ich esse gerne Pfirsiche. k. Der Architekt mag das alte Gebäude nicht. l. Sie hat es gerne, wenn kaltes Wetter ist. m. Wir mögen leider keine Kohlsuppe. n. Mögt ihr die Lehrerin? o. Meine Tante geht gerne in der Stadt spazieren.

5. *Bilden Sie den Nominativ Plural zu folgenden Adjektiven und Substantiven:*

a. симпатичный муж
b. большой город
c. классическая ситуация
d. белое вино
e. красивая девушка
f. старый друг
g. типичный студент
h. добрая сестра
i. хороший концерт
j. круглая площадь
k. большое окно
l. свободное место
m. центральный парк
n. трудная книга
o. известный поэт

Lektion 10

6. *Übersetzen Sie die Zeitangaben*

Beispiel: morgen abend um 19 Uhr → завтра вечером в 19 часов

a. heute morgen um 9 Uhr
b. gestern abend um 20 Uhr
c. morgen vormittag um 10 Uhr
d. heute abend um 18 Uhr
e. gestern um 4 Uhr
f. morgen tagsüber
g. nachts um 2 Uhr
h. morgens um 8 Uhr

7. *Übersetzen Sie die Wörter. Von oben nach unten gelesen ergeben die Buchstaben in den markierten Kästchen einen Satz.*

jetzt, sofort
abends
heute
morgens
tagsüber
klingeln
fünf

Friseur
kalt
Adresse
sehr
groß
Wörterbuch
spazieren

Streichhölzer
Fenster
Wetter
kann/darf man
Gang, Korridor
anscheinend

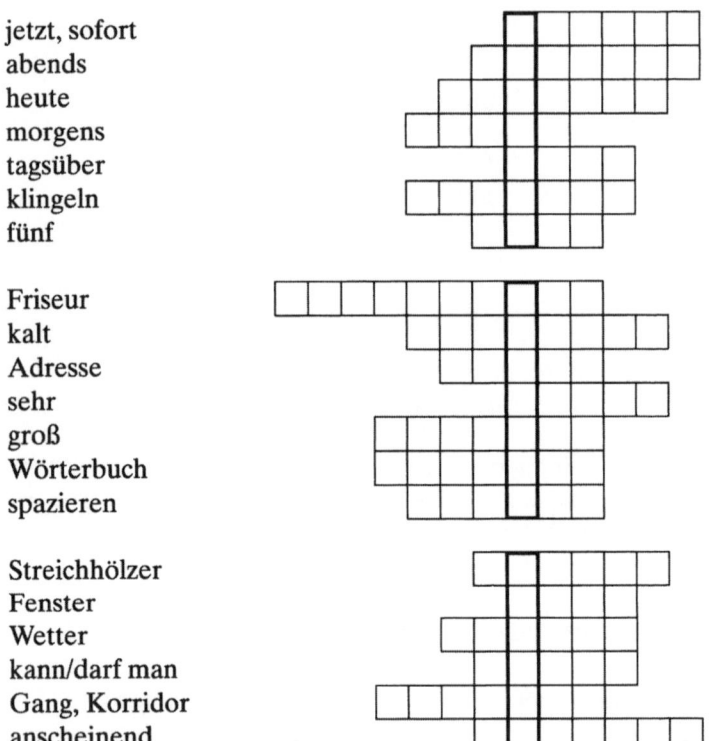

Lektion 11

Text A

С Мосфи́льма никого́ нет

Х. = Хе́йкки = Heikki
Н. = Никола́й = Nikolaj
Нез. = Незнако́мец = Unbekannter

Х.	Мосфи́льм? Никола́й, помоги́, пожа́луйста.	Mosfilm? Nikolaj, hilf mir bitte.
Н.	Коне́чно! Кто здесь с Мосфи́льма? Подожди́ мину́точку! – Извини́те, вы с Мосфи́льма?	Selbstverständlich! Wer ist hier vom Mosfilm? Warte einen Augenblick! – Entschuldigung, Sind Sie von Mosfilm?
Нез.	Нет.	Nein.
Х.	Телеви́дение, ра́дио ... Москворе́цкий райо́н ... Интури́ст ... нет, нет Мосфи́льма!	Fernsehen, Radio ... Moskworezkij Rayon *(Stadtbezirk)* ... Intourist ... Nein, kein Mosfilm!
Н.	Ка́жется, с Мосфи́льма никого́ нет.	Anscheinend ist von Mosfilm niemand da.
Х.	Никого́ нет! Что?	Niemand da! Was?
Н.	Что же де́лать?	Was kann man da machen?
Х.	Я не зна́ю.	Ich weiß nicht.
Н.	Ничего́ стра́шного! Не волну́йся, Хе́йкки! Мы пое́дем вме́сте.	Kein Problem! Reg dich nicht auf, Heikki! Wir fahren zusammen.
Н.	Э́то Ленингра́дский вокза́л, а там в Ленингра́де Моско́вский вокза́л. Они́ о́чень похо́жи, понима́ешь?	Das ist der Leningrader Bahnhof, und dort in Leningrad ist der Moskauer Bahnhof. Sie sind sich sehr ähnlich, verstehst du?
Х.	Да, там Моско́вский вокза́л, а здесь в Москве́ Ленингра́дский вокза́л.	Ja, dort ist der Moskauer Bahnhof, und hier in Moskau ist der Leningrader Bahnhof.

Lektion 11

H.	Ленингра́дский вокза́л, пра́вильно!	Der Leningrader Bahnhof, richtig!
X.	Ле́нин, Влади́мир Ильи́ч Ле́нин.	Lenin, Wladimir Iljitsch Lenin.
H.	Да. – Э́то пло́щадь трёх вокза́лов. Зна́чит здесь три вокза́ла, понима́ешь?	Ja. – Das ist der Platz der drei Bahnhöfe. Das heißt, daß es hier drei Bahnhöfe gibt, verstehst du?
X.	Да, да ... понима́ю ... три вокза́ла.	Ja, ja ... ich verstehe ... drei Bahnhöfe.
H.	Э́то Ленингра́дский вокза́л ... напро́тив Каза́нский вокза́л. ... Там Яросла́вский вокза́л. А э́то гости́ница Ленингра́дская. – Хе́йкки, я пойду́ позвони́ть, а ты ... подожди́ здесь! Я сейча́с приду́, хорошо́? Понима́ешь?	Das ist der Leningrader Bahnhof ... gegenüber ist der Kasaner Bahnhof. ... Dort ist der Jaroslawler Bahnhof. Und das ist das Hotel Leningrad. – Heikki, ich gehe telefonieren, aber du ... warte hier! Ich komme gleich zurück, gut? Verstehst du?
X.	Понима́ю ...Никола́й Алексе́евич! ... Ничего́ не понима́ю!	Ich verstehe ... Nikolaj Aleksejewitsch! ... Nichts verstehe ich!

Lektion 11

Neue Wörter

Im Text

с + *Gen.*	von	вме́сте	zusammen, gemeinsam
Мосфи́льм	Mosfilm, *sowj. Filmgesellschaft*	вокза́л	Bahnhof
С Мосфи́льма никого́ нет.	Von Mosfilm ist niemand da.	ленингра́дский, -ая, -ое	Leningrader
незнако́мец	Unbekannter	моско́вский, -ая, -ое	Moskauer
*помо́чь, помогу́, помо́жешь *vollendeter Aspekt*[1]	helfen	они́ похо́жи	sie ähneln sich, sie sind sich ähnlich
помоги́! помоги́те!	hilf! helft!/helfen Sie!	пра́вильно *Adv.*	richtig
*подожда́ть, подожду́, подождёшь + *Akk.*	warten (auf)	три вокза́ла пло́щадь трёх вокза́лов	drei Bahnhöfe Platz der drei Bahnhöfe
подожди́! подожди́те!	warte! wartet/warten Sie!	напро́тив	gegenüber; im Gegenteil
телеви́дение	Fernsehen	Каза́нь	Kasan
Интури́ст	Intourist *offizielles sowjetisches Reisebüro*	каза́нский, -ая, -ое	Kasaner
де́лать, де́лаю, де́лаешь	machen, tun	Яросла́вль	Jaroslawl
Что же де́лать?	Was soll man tun?, Was kann man da machen?	яросла́вский, -ая, -ое	Jaroslawler
стра́шный, -ая, -ое	schlimm, schrecklich, unheimlich	*пойти́, пойду́, пойдёшь	losgehen
ничего́ стра́шного	nichts Schlimmes, nicht schlimm	*позвони́ть, позвоню́, позвони́шь	läuten, klingeln; telefonieren
не волну́йся!	reg dich nicht auf!, beunruhige dich nicht!	*прийти́, приду́, придёшь	(an)kommen, eintreffen (zu Fuß)
*пое́хать, пое́ду, пое́дешь	losfahren, (hin)fahren		

Im Erklärungsteil

бу́дьте добры́!	seien Sie so gut!	никого́ *Gen.*	niemandes
*показа́ть, покажу́, пока́жешь	zeigen	никогда́	nie, niemals
		нигде́	nirgends, nirgendwo
*откры́ть, откро́ю, откро́ешь	öffnen	никуда́	nirgendwohin
		никако́й, -а́я, -о́е	keiner, keinerlei
входи́ть, вхожу́, вхо́дишь	eintreten, hineingehen	приходи́ть, прихожу́, прихо́дишь	(an)kommen, eintreffen (zu Fuß)
проходи́ть, прохожу́, прохо́дишь	(durch)gehen, passieren		
никто́ *Nom.*	niemand	там никого́ нет	dort ist niemand

---

[1] Der vollendete Aspekt wird von jetzt an mit einem * gekennzeichnet.

Lektion 11

Erklärungen

Der Imperativ (Befehlsform)

Der Imperativ wird gebildet, indem man anstelle der Endungen der 3. Person Plural (-ут,-ют, -ат, -ят) für den Singular die Endungen **-и, -й** oder **-ь** und für den Plural die Endungen **-ите, -йте, -ьте** setzt. Wann wird nun welche Endung gesetzt?

1. Wenn vor der Endung der 3. Pers. Pl. ein Vokal steht, lautet der Imperativ **-й / -йте**:

они рабо́та/ют → рабо́тай! рабо́тайте!	*(arbeite! arbeitet!)*
они́ гуля́/ют → гуля́й! гуля́йте!	*(gehe spazieren! geht spazieren!)*

2. Stehen vor der Endung mehrere Konsonanten, so lautet der Imperativ auf **-и / -ите**:

они́ смо́тр/ят → смотри́! смотри́те!	*(schau! schaut!)*

3. Steht vor der Endung nur ein Konsonant, müssen wir zur Bildung des Imperativs die Form der 1. Person Singular hinzuziehen. Denn von den Betonungsverhältnissen bei der 1. Person Singular hängt die Imperativendung ab.

   Ist die 1. Pers. Sing. endbetont, so lautet der Imperativ auf **-и /-ите**:

(я люблю́) они́ лю́б/ят → люби́! люби́те!	*(liebe! liebt!)*

   Ist die 1. Pers. Sing. nicht endbetont, so lautet der Imperativ auf **-ь / -ьте**:

(я бу́ду) они́ бу́д/ут → будь! бу́дьте!	*(sei! seid! - z.B.* бу́дьте добры́, ... *Seien Sie so gut, ...)*

Lektion 11

4. Auf unregelmäßige Bildungsweisen werden wir gesondert hinweisen. Bisher kennen wir als unregelmäßige Form:

| давáть (geben; они́ даю́т): давáй! давáйте! *(gib! gebt!)* |

Der Imperativ kann sowohl von unvollendeten als auch von vollendeten Verben gebildet werden.

Ein Imperativ im unvollendeten Aspekt klingt mehr wie eine Bitte:

Входи́те, пожáлуйста! *Treten Sie bitte ein!*
Проходи́те, пожáлуйста! *Gehen Sie bitte durch!*

Ein Imperativ im vollendeten Aspekt ist mehr ein Befehl:

Покажи́те, пожáлуйста, пáспорт! *Zeigen Sie bitte den Paß!*
Откро́йте кни́ги! *Öffnet die Bücher!*

Verneinende Pronomen und Adverbien

Verneinende Pronomen und Adverbien werden durch Vorsetzen der Partikel **ни-** gebildet:

ничего́	nichts	**никогдá**	nie, niemals
никто́	niemand (Nom.)	**нигдé**	nirgends, nirgendwo
никого́	niemandes (Gen.)	**никудá**	nirgendwohin
		никако́й	kein, keinerlei

Doppelte Verneinung

Zusätzlich zu dem verneinenden Pronomen bzw. Adverb wird in vollständigen Sätzen die Verneinung durch **не** vor dem Verb wiederholt.

С Мосфи́льма[1] никто́ не прихо́дит. *Von Mosfilm kommt niemand.*
Я ничего́ не понимáю. *Ich verstehe nichts.*
Он никогдá не опáздывает. *Er kommt nie zu spät.*
Мы никудá не éдем. *Wir fahren nirgendwohin.*

---

[1] Мосфи́льма = Genitiv von Мосфи́льм. Näheres zum Genitiv in Lektion 12.

Lektion 11

нет + Genitiv

Möchte man ausdrücken, daß jemand oder etwas nicht vorhanden ist, so geschieht das mit Hilfe von нет. Dabei hat нет die Bedeutung von *es ist nicht vorhanden / es gibt nicht / ist nicht da / kein*. Нет hat somit die gegenteilige Bedeutung von есть. Das Nichtvorhandene steht dann im Genitiv.

Нет Мосфи́льма.	*Mosfilm ist nicht da.*
Там никого́ нет.	*Dort ist niemand.*
С Мосфи́льма никого́ нет.	*Von Mosfilm ist niemand da.*

Text B

Всё в поря́дке

X. = Хе́йкки = Heikki
Н. = Никола́й = Nikolaj

Н. Хе́йкки Ки́ннунен ... Хе́йкки! Ничего́ стра́шного! Сейча́с мы е́дем в гости́ницу „Украи́на", а пото́м я пое́ду домо́й. Сади́сь, пожа́луйста!

Heikki Kinnunen ... Heikki! Kein Problem! Jetzt fahren wir zum Hotel „Ukraina", und anschließend fahre ich nach Hause. Setze dich bitte!

X. Никола́й, ты живёшь в це́нтре?

Nikolaj, wohnst du im Zentrum?

Н. В це́нтре? Нет, я живу́ не в це́нтре. Я живу́ дово́льно далеко́, но моя́ рабо́та в це́нтре.

Im Zentrum? Nein, ich wohne nicht im Zentrum. Ich wohne ziemlich weit draußen, aber meine Arbeit ist im Zentrum.

Н. Смотри́! Храм Васи́лия Блаже́нного.

Schau! Die Basilius-Kathedrale.

X. О́чень краси́вый!

Sehr schön!

Lektion 11

X. Николай, твоя семья дома?
H. Ждут ли меня дома? Нет, сейчас все работают. Моя сестра работает в Интуристе. Она гид.
X. Гид? В Интуристе?
H. Да. А мама работает в магазине.
H. Иди сюда! Смотри! – А теперь смотри сюда!
X. Что это? – Фото?
H. Нет! Три рубля!
X. Три рубля, понимаю ... да, да.

Nikolaj, ist deine Familie zu Hause?
Ob sie zu Hause auf mich warten? Nein, jetzt arbeiten alle. Meine Schwester arbeitet bei Intourist. Sie ist Fremdenführerin.
Fremdenführerin? Bei Intourist?
Ja. Und meine Mutter arbeitet in einem Geschäft.
Komm hierher! Schau! – Und jetzt schau hierhin!
Was ist das? – Ein Foto?
Nein! Drei Rubel!
Drei Rubel, ich verstehe ... ja, ja.

Lektion 11

Н.	Это проспект Калинина, а вон там гостиница „Украина". Видишь?	Das ist der Kalinin-Prospekt, und dort ist das Hotel „Ukraina". Siehst du es?
Х.	Там? Да, вижу.	Dort? Ja, ich sehe es.
Н.	Хейкки, Хейкки, а это наверно с Мосфильма!	Heikki, Heikki, und die dort sind wahrscheinlich von Mosfilm!
Н.	Вот твоя гостиница.	Hier ist Dein Hotel.
Х.	Да, „Украина". Большой дом!	Ja, „Ukraina". Ein großes Haus!
Н.	Большое здание!	Ein großes Gebäude!
Х.	Здание ... спасибо!	Gebäude ... danke!
Н.	Ну, Хейкки, всё в порядке!	Nun, Heikki, alles ist in Ordnung!
Х.	Всё!	Alles!
Н.	Всё в порядке, всё хорошо!	Es ist alles in Ordnung, alles ist gut!
Х.	Да, хорошо.	Ja, gut.
Н.	Пожалуйста, вот мой телефон: 233-71-45 (двести тридцать три, семьдесят один, сорок пять). Позвони мне! А сейчас, Хейкки, всего хорошего! Мне пора домой.	Bitte, hier ist meine Telefonnummer: 233-71-45. Rufe mich an! Und jetzt, Heikki, alles Gute! Es ist Zeit für mich, nach Hause zu fahren.
Х.	Пора домой? ... Ах, домой! До свидания!	Zeit, nach Hause zu fahren? ... Ach, nach Hause! Auf Wiedersehen!
Н.	До свидания!	Auf Wiedersehen!
Х.	До свидания! И спасибо!	Auf Wiedersehen! Und Danke!

Lektion 11

Neue Wörter

Im Text

садись!	setz dich!	работать,	arbeiten
жить, живу, живёшь	leben, wohnen	работаю, работаешь	
довольно *Adv.*	ziemlich; genug	магазин	Geschäft, Laden
далеко *Adv.*	weit, weit entfernt	сюда	hierher
работа	Arbeit	рубль *m.*	Rubel
храм	Tempel, Gotteshaus	три рубля	drei Rubel
храм Василия Блаженного	Basilius-Kathedrale	наверно	wahrscheinlich, sicher(lich)
ждать, жду, ждёшь + *Akk.*	warten (auf)	пора	es ist Zeit
ли *Fragepartikel*	ob	мне пора домой	es ist Zeit für mich, nach Hause zu gehen/fahren

Im Erklärungs- und Übungsteil

помогать, помогаю, помогаешь	helfen	*посмотреть, посмотрю, посмотришь	sehen, (an)schauen
тепло *Adv.*	warm	римский, -ая, -ое	römisch
бисквит	Keks	исторический, -ая, -ое	historisch
африканец	Afrikaner	мавзолей	Mausoleum
москвич	Moskauer	Прага	Prag
кавказец	Kaukasier		
почти	fast, beinahe		

In der Fernsehfolge

в гости	zu Besuch	не стоит благодарности!	gern geschehen!, keine Ursache! *wörtl.: lohnt keine Dankbarkeit!*

Lektion 11

Erklärungen

Verben der e-Konjugation

	ждать *warten*	жить *wohnen, leben*
я	жду	живу́
ты	ждёшь	живёшь
он, она́, оно́	ждёт	живёт
мы	ждём	живём
вы	ждёте	живёте
они́	ждут	живу́т

Sind die Personalendungen der e-Konjugation betont, so steht ё statt e.

Мы ждём вас в три часа́.   *Wir warten auf Sie um drei Uhr.*
Фёдор живёт в Ми́нске.   *Fjodor wohnt in Minsk.*

Endungen der 1. Person Singular und der 3. Person Plural

	1. Pers. Sing.	3. Pers. Pl.	Beispiel
e-Konjugation	-у	-ут	е́ду - е́дут
	Nach konsonantisch auslautendem Präsensstamm[1]		
	-ю	-ют	зна́ю - зна́ют
	Bis auf wenige Ausnahmen nach vokalisch auslautendem Präsensstamm		
i-Konjugation	-у	-ат	слы́шу - слы́шат
	Nach Zischlauten im Auslaut des Präsensstammes		
	-ю	-ят	говорю́ - говоря́т
	Nach Vokalen und allen Konsonanten außer den Zischlauten im Auslaut des Präsensstammes		

---

[1] Den Präsensstamm erhält man durch Abtrennen der Endung der 3. Pers. Pl. des Präsens.

Lektion 11

Zur Futurbedeutung des vollendeten Aspekts

Gegenwart	(nahe) Zukunft
Сейчáс мы éдем в гостíницу, *Jetzt (in diesem Moment) fahren wir ins Hotel,*	а потóм я поéду домóй. *und dann fahre ich nach Hause.*
Он прихóдит домóй. *Er kommt nach Hause.*	Я сейчáс придý. *Ich komme gleich / sofort.*
Я звоню́ домóй. *Ich rufe zuhause an. / Ich telefoniere (jetzt gerade) nach Hause.*	Я пойдý позвонúть. *Ich gehe (jetzt gleich, sofort) telefonieren.*

Der vollendete Aspekt kennt keine Gegenwart; er kommt nur in der Vergangenheit oder – wie hier – mit Zukunftsbedeutung vor. Alles, was in der Gegenwart, im Moment des Sprechens geschieht, drücken wir mit den Präsensformen des unvollendeten Aspekts aus.

Dativ der Personalpronomen

Nominativ	Dativ
Кто? *Wer?*	Кому? *Wem?*
я	мне
ты	тебé
он	емý
онá	ей
онó	емý
мы	нам
вы	вам
онú	им

In Verbindung mit Präpositionen wird den Pronomen, die mit einem Vokal beginnen, ein **н** vorangestellt:

к **не**мý	*zu ihm*
к **не**й	*zu ihr*
к **н**им	*zu ihnen*

125

Lektion 11

Der Gebrauch des Dativs

1. Er bezeichnet das (Neben-)Objekt bzw. den Adressaten, auf das die indirekte Handlung gerichtet ist:

   Да́йте **мне**, пожа́луйста, меню́. *Geben Sie mir bitte die Speisekarte.*
   Переда́йте **всем** приве́т! *Grüßen Sie alle. (wörtl.: Übergeben Sie allen einen Gruß.)*
   Покажи́те **мне**, пожа́луйста, ваш биле́т. *Zeigen Sie mir bitte Ihre Fahrkarte.*
   Я жела́ю **вам** всего́ хоро́шего. *Ich wünsche Ihnen alles Gute.*

2. Bei einigen Verben bezeichnet der Dativ – mitunter abweichend vom Deutschen – auch das unmittelbar betroffene Objekt:

   И́горь помога́ет **ма́ме**. *Igor hilft der Mutter.*
   Она́ звони́т **сы́ну**. *Sie ruft den Sohn an.*

3. In unpersönlichen Sätzen:

   Тебе́ пора́ (домо́й). *Es ist Zeit für dich (, nach Hause zu gehen).*
   Мне ка́жется, ... *Mir scheint, ...*
   Ему́ тру́дно. *Es fällt ihm schwer.*
   Нам интере́сно. *Wir finden es interessant.*
   Мне мо́жно ... *Ich kann / darf ...*
   Ей хо́лодно /тепло́. *Ihr ist kalt / warm.*

4. Nach der Präposition **к**:

   Приходи́те к **нам** сего́дня ве́чером! *Kommen Sie heute abend zu uns!*
   бискви́ты к **ча́ю** *Kekse zum Tee*
   к **сожале́нию** *leider (wörtl.:zum Bedauern)*

5. Nach der Präposition **по**:

   говори́ть / звони́ть по **телефо́ну** *telefonieren / anrufen*
   смотре́ть / пока́зывать по **телеви́зору** *im Fernsehen sehen / zeigen*

Übungen

1. Скажи́те, кто живёт где. *Sagen Sie, wer wo wohnt.*
   Beispiel: африка́нец → Африка́нец живёт в А́фрике.
   a. америка́нец   d. не́мец   g. англича́нка
   b. ленингра́дец   e. финн   h. ри́мский па́па (*Papst*)
   c. москви́ч   f. францу́з   i. кавка́зец

2. *Bilden Sie den Imperativ Singular und Plural von folgenden Verben:*
   жить - ждать - не опа́здывать - де́лать - идти́ - звони́ть - передава́ть - говори́ть

3. Скажи́те, кто рабо́тает где. *Sagen Sie, wer wo arbeitet.*
   Beispiel: актёр → Актёр рабо́тает в теа́тре.
   a. дире́ктор музе́я   d. учи́тель   g. библиоте́карь
   b. профессора́ и студе́нты   e. кло́ун   h. гид
   c. продаве́ц (*Verkäufer*)   f. официа́нт   i. дежу́рная

4. *Setzen Sie die Verben in der erforderlichen Präsensform ein:*
   ждать:
   a. Я не ... ничего́ хоро́шего. b. В музе́е ... тури́сты. c. Анто́н ... меня́. d. Кого́ (*auf wen*) вы ...?

   жить:
   a. Скажи́те, пожа́луйста, где вы ... ? b. Мы ... в кварта́ле „Фили́". c. Ты ... о́чень далеко́! d. Нет, э́то не далеко́, я ... почти́ (*fast*) в це́нтре. e. Леони́д ... в Подо́льске, а рабо́тает в Москве́. f. Где ... твой друзья́?

   рабо́тать:
   a. Он не о́чень лю́бит ... . b. Ве́чером я ... до́ма, а днём в институ́те. c. Как ты ..., когда́ ты слу́шаешь рок-му́зыку? d. Сего́дня мы не ... , мы пое́дем в го́род. e. Са́ша и Оле́г пло́хо ... .

   помога́ть:
   a. Архи́п и Со́ня ... ма́ме. b. Сего́дня придёт Ле́на и ... тебе́. c. Почему́ (*warum*) ты не ... ба́бушке? d. Когда́ вы ... дру́гу? f. Я ... сестре́.

Lektion 11

5. *Bilden Sie Sätze, indem Sie die vorgegebenen Wörter in die richtige Reihenfolge bringen.*

Beispiel: бра́ту - приве́т - Са́ша - передаёт → Са́ша передаёт бра́ту приве́т.

a. жела́ем - всего́ - мы - вам - хоро́шего
b. О́льга - ба́бушке - фотогра́фии - пока́зывает
c. звони́т - Ни́на Алекса́ндровна - сын - рабо́тает - где - в парикма́херскую
d. они́ - к - пото́м - нему́ - пое́дут
e. мне - извини́те - помоги́те - пожа́луйста
f. Ленингра́дский вокза́л - я - где - зна́ю, - не
g. пого́да - сего́дня - холо́дная - ка́жется, - бу́дет
h. фильм - сего́дня - по - посмо́трим - изве́стный - телеви́зору - ве́чером - мы - францу́зский

6. *Übersetzen Sie ins Deutsche:*

a. Гид Интури́ста говори́т: Сейча́с мы в це́нтре Москвы́, на Кра́сной пло́щади. b. Вон там вы ви́дите храм Васи́лия Блаже́нного, напро́тив Истори́ческий музе́й, нале́во (*links*) Кремль и мавзоле́й Ле́нина и напро́тив большо́й магази́н „ГУМ". c. Тури́сты е́дут да́льше. d. Сейча́с они́ уже́ на проспе́кте Кали́нина. Напра́во изве́стный магази́н „Мело́дия", пото́м кинотеа́тр „Октя́брь". e. Нале́во библиоте́ка им. Ле́нина и рестора́н „Пра́га". f. А там вы уже́ ви́дите гости́ницу „Украи́на".

7. *Übersetzen Sie ins Russische:*

a. Ich verstehe nicht, was er sagt. b. Ich verstehe (überhaupt) nichts. c. Ich sehe schlecht. d. Ich sehe (absolut) nichts. e. Er hilft nie. f. Er hilft nie jemandem (= niemandem nicht). g. Das versteht niemand. h. In Leningrad kennen sie niemanden. i. Wir waren noch nie in Moskau. j. Auf dem Bahnhof ist niemand von Mosfilm da. k. Leider müssen wir nach Hause (ist es Zeit für uns). l. Vielen Dank für den schönen Abend. Es war sehr angenehm. m. Auf Wiedersehen und alles Gute. n. Es fällt mir schwer, russisch zu sprechen, aber ich verstehe schon recht gut (nicht schlecht).

Text A

Рад тебя видеть

С. = Степан = Stepan
Б. = Борис = Boris

С. Боря, как я рад тебя видеть!	Borja, wie ich mich freue, dich zu sehen!
Б. Я тоже! Стёпа, ну как вы живёте?	Ich auch! Stjopa, wie geht es euch denn?
С. Спасибо, нормально. Дети растут: Лариса уже ходит в четвёртый класс, а Марк первоклассник.	Danke, ganz gut. Die Kinder werden größer: Larissa geht schon in die vierte Klasse, und Mark ist Erstklässler.
Б. А как Марина?	Und wie geht es Marina?
С. Марина? Она была на юге. Вчера приехала из Одессы. Пойдём!	Marina? Sie war im Süden. Gestern ist sie aus Odessa gekommen. Gehen wir!

Lektion 12

С. А как у вас дела?
Б. У нас всё в порядке. Правда, мама болела, но ничего страшного. А я ... как ты знаешь, много работаю. Часто бываю за границей.
С. Рад, что у тебя всё нормально.

Und wie geht es euch?
Bei uns ist alles in Ordnung. Richtig, Mutter war krank, es war aber nichts Schlimmes. Und ich ... wie du weißt, arbeite viel. Ich bin oft im Ausland.
Es freut mich, daß bei dir alles normal läuft.

Neue Wörter

Im Text

я рад *(für Männer)*,	ich freue mich
я рада *(für Frauen)*	
Я рад/рада тебя видеть.	Ich freue mich, dich zu sehen.
Как вы живёте?	Wie geht es Ihnen/euch? *wörtl.:* wie leben Sie/lebt ihr?
расти, расту, растёшь	(heran)wachsen, größer werden
ходить, хожу, ходишь	gehen, gehen können
четвёртый, -ая, -ое	vierter
класс	(Schul-)Klasse
первоклассник	Erstklässler, Schulanfänger
юг	Süden
на юге	im Süden

Im Erklärungsteil

зима	Winter
серьёзно	ernst(haft)
ребёнок *Sg.*	Kind
откуда	woher

*приехать, приеду, приедешь	(an)kommen *(mit einem Verkehrsmittel)*
она приехала	sie kam an
Одесса	Odessa
из + *Gen.*	aus, von
Как у вас дела?	Wie geht es (bei) Ihnen/euch?
болеть, болею, болеешь	krank sein, kränkeln
она болела	sie war krank
часто	oft
бывать, бываю, бываешь	zu sein pflegen, vorkommen
граница	Grenze
за границей	im Ausland *wörtl.:* hinter der Grenze

ничего	nichts; das macht nichts; *hier:* es geht, einigermaßen
дворец	Palast, Schloß
стена	Wand
так себе	mäßig, so lala

Erklärungen

Verben der e-Konjugation

	расти́ *wachsen, aufwachsen*	боле́ть *krank sein, kränkeln*	быва́ть *zu sein pflegen, vorkommen*
я	расту́	боле́ю	быва́ю
ты	растёшь	боле́ешь	быва́ешь
он, она́, оно́	растёт	боле́ет	быва́ет
мы	растём	боле́ем	быва́ем
вы	растёте	боле́ете	быва́ете
они́	расту́т	боле́ют	быва́ют

Де́ти расту́т.	*Die Kinder wachsen heran (werden größer).*
Он ча́сто быва́ет за грани́цей.	*Er pflegt oft im Ausland zu sein.*
Э́то быва́ет.	*Das kommt vor.*
Зима́ быва́ет о́чень холо́дная.	*Der Winter ist normalerweise sehr kalt.*
Она́ серьёзно боле́ет.	*Sie ist ernsthaft krank.*

Verb der i-Konjugation

	ходи́ть *gehen*
я	хожу́
ты	хо́дишь
он, она́, оно́	хо́дит
мы	хо́дим
вы	хо́дите
они́	хо́дят

Ребёнок уже́ хо́дит.

Der Gebrauch von идти́ und ходи́ть

Beide Verben werden im Deutschen mit *gehen* wiedergegeben. Im Russischen sind sie jedoch nicht austauschbar. In späteren Lektionen (u. a.

Lektion 12

Lektion 15) werden wir noch genauer auf dieses Phänomen eingehen. Wir wollen jedoch hier schon eine Erklärung vorausschicken:

Das Verb **идти́** bezeichnet eine **zielgerichtete** (d.h. in eine Richtung gewandte), konkrete, einmalige Bewegung:

Лари́са идёт в шко́лу. *Larissa geht (gerade, einmal) in die Schule.*
Куда́ ты идёшь? – В теа́тр. *Wohin gehst du (gerade)? – Ins Theater.*

Das Verb **ходи́ть** bezeichnet eine **nicht zielgerichtete**, unbestimmte Bewegung (hin und her, herum), eine Bewegung, die den Hin- und Rückweg einschließt, eine sich wiederholende Handlung oder die Fähigkeit zu gehen:

Лари́са (уже́) хо́дит в шко́лу. *Larissa geht (schon) zur Schule.*
(= Gewohnheit)
Мы ча́сто хо́дим в теа́тр. *Wir gehen oft ins Theater.*
(=Gewohnheit, Wiederholung)
Ребёнок уже́ хо́дит. *Das Kind kann schon gehen / laufen.*
(=Fähigkeit)

Genitiv der Substantive

Genus	Nominativ Singular		Genitiv Singular	
	Endung	Beispielwort	Endung	Beispielwort
m.	- -й -ь	конце́рт музе́й день	-а -я -я	конце́рта музе́я дня
f.	-а -а -я -ия -ь	те́ма кни́га тётя а́рмия пло́щадь	-ы -и -и -ии -и	те́мы кни́ги тёти а́рмии пло́щади
n.	-о -е -ие	ме́сто мо́ре зда́ние	-а -я -ия	ме́ста мо́ря зда́ния

Charakteristisch für Maskulina und Neutra sind die Genitiv-Endungen -a und -я.
Die Genitivendungen ы und и sind charakterisch für Feminina. Hier ist auch die Regel zu beachten, daß nach г, к, х nicht ы, sondern и steht.

Zum Gebrauch des Genitivs

a) Ähnlich wie im Deutschen kann man mit Hilfe eines Genitivattributs ein Substantiv näher bestimmen:

дире́ктор музе́я	*der Direktor des Museums*
сте́ны дворца́	*die Wände des Palastes (Palastwände)*
маши́на Анто́на	*Antons Auto*

b) Genitiv nach der Präposition из *(aus)*
Auf die Frage Отку́да? *(Woher?)* antwortet man mit der Präposition из und dem Genitiv:

Отку́да Хе́йкки?	*Woher ist Heikki?*
Хе́йкки из Финля́ндии.	*Heikki ist aus Finnland.*
Никола́й из Москвы́.	*Nikolaj ist aus Moskau.*
Она́ прие́хала из Оде́ссы.	*Sie kam aus Odessa.*
Студе́нты иду́т из университе́та.	*Die Studenten gehen/kommen aus der Universität.*

In den vorangegangenen Lektionen sind uns bereits einige weitere Anwendungsbereiche des Genitivs begegnet, die hier noch einmal aufgeführt werden:

c) Bei Wünschen wie:

Всего́ до́брого!	*Alles Gute!*
Споко́йной но́чи!	*Gute Nacht!*

d) Beim Nichtvorhandensein von etwas oder jemandem:

Там никого́ нет.	*Dort ist niemand.*
Оле́га нет.	*Oleg ist nicht da.*

e) Nach der Präposition у:

У вас есть спи́чки?	*Haben Sie Streichhölzer?*
У О́льги день рожде́ния.	*Olga hat Geburtstag.*

Lektion 12

Flüchtiges o und e

Um die Aussprache von Konsonanthäufungen zu erleichtern, wird bei Substantiven häufig ein sog. „flüchtiges" o oder e eingeschoben; dieses „verflüchtigt" sich wieder, wenn in der Deklination eine Endung an den Wortstamm tritt.

Nom. Sing.	Gen. Sing.	Dat. Sing. *usw.*
день	дня	дню
отéц	отцá	отцý
дворéц	дворцá	дворцý
нéмец	нéмца	нéмцу
Пáвел	Пáвла	Пáвлу
ребёнок	ребёнка	ребёнку

Auch an meist einsilbige Präpositionen wird vor Substantiven, Adjektiven oder Pronomen, die mit zwei oder mehreren Konsonanten beginnen, vielfach ein verbindendes, unbetontes o angehängt:

к тебé *(zu dir)* aber: кo мнé *(zu mir)*
Фрáнция *(Frankreich)* вo Фрáнции *(in Frankreich)*

Fragen nach dem Befinden und Antworten darauf

Как вы живёте / ты живёшь? Как вы поживáете / ты поживáешь? Как у вас / у тебя делá? Как вáши / твои делá?	*Wie geht es Ihnen / euch / dir?*
Как делá	*Wie geht's?*
Спасибо, всё в порядке.	*Danke, (es ist) alles in Ordnung.*
Óчень хорошó.	*Sehr gut.*
Хорошó.	*Gut.*
Нормáльно.	*Ganz gut / Normal.*
Ничегó.	*Es geht / Einigermaßen.*
Так себé.	*Mäßig / So lala.*
Плóхо.	*Schlecht.*

Text B

Какой этаж?

С. = Степан = Stepan
Б. = Борис = Boris
Ад. = Администрация = Rezeption
1. Н. = 1. Незнакомка = 1. Unbekannte
2. Н. = 2. Незнакомка = 2. Unbekannte *usw.*

Б.	Здравствуйте. Моя фамилия Орлов.	Guten Tag. Mein Name ist Orlow.
Ад.	Здравствуйте. Вы из Финляндии?	Guten Tag. Sind Sie aus Finnland?
Б.	Да, из Финляндии.	Ja, aus Finnland.
Ад.	Ваш паспорт, пожалуйста.	Ihren Paß, bitte.
Ад.	Одноместный номер, первый класс, третий этаж ... Вот ваша визитка, 341 (три-сорок один) ... третий этаж. Третий этаж - 341 номер. Пожалуйста, лифт прямо и направо.	Ein Einzelzimmer, erste Klasse, zweiter Stock. ... Hier ist Ihre Hotelkarte. 341 ... zweiter Stock. Zweiter Stock, Zimmer 341. Bitte, der Lift ist geradeaus und dann rechts.
Б.	Спасибо.	Danke.

Lektion 12

1. Н. Вам какой этаж? — In welchen Stock müssen Sie?
Б. Третий. — Zweiter.
С. Мне тоже. А вам? — Ich auch. Und Sie?
1. Н. У меня номер 609 (шестьсот девять). — Ich habe Zimmer 609.
С. Значит, шестой этаж. — Also, fünfter Stock.
2. Н. А у меня 445 (четыреста сорок пятый). — Und ich habe die 445.
С. Это четвёртый этаж! — Das ist der dritte Stock.
3. Н. А мне пятый, пожалуйста! — Und für mich bitte den vierten!
Б. Пожалуйста! — Bitte sehr!

Neue Wörter

Im Text

администрация	Administration; Rezeption	визитка	Hotel-, Besucherkarte
одноместный номер	einsitzig, mit einem Platz Nummer; Hotelzimmer	лифт	Fahrstuhl
		прямо	geradeaus
одноместный номер	Einzelzimmer	направо	rechts
		шестой, -ая, -ое	sechster
первый, -ая, -ое	erster	пятый, -ая, -ое	fünfter
третий, -ья, -ье	dritter		

Im Erklärungs- und Übungsteil und in der Fernsehfolge

каникулы *Pl.*	Ferien	Хабаровск	Chabarowsk
канадец	Kanadier	недавно	neulich, kürzlich
Джон	John	музыкант	Musiker
Вашингтон	Washington	ехать на метро	(mit der) Metro fahren
Кембридж	Camebridge		
Рим	Rom	этот	dieser
Новосибирск	Nowossibirsk	Венгрия	Ungarn
делегация	Delegation	двенадцатый, -ая, -ое	zwölfter

Erklärungen

Die Ordnungszahlen von 1 bis 11

1. пе́рвый
2. второ́й
3. тре́тий
4. четвёртый
5. пя́тый
6. шесто́й
7. седьмо́й
8. восьмо́й
9. девя́тый
10. деся́тый
11. оди́ннадцатый

Die Ordnungszahlen haben Adjektivendungen und werden wie Adjektive dekliniert. Ihre Endung hängt vom Genus des nachfolgenden Substantivs ab:

пе́рв**ый** ваго́н	*der erste Waggon*
втор**о́й** ваго́н	*der zweite Waggon*
пе́рв**ая** у́лица	*die erste Straße*
втор**а́я** у́лица	*die zweite Straße*
пе́рв**ое** купе́	*das erste Abteil*
втор**о́е** купе́	*das zweite Abteil*
пе́рв**ые** кани́кулы	*die ersten Ferien*
втор**ы́е** кани́кулы	*die zweiten Ferien*

Abweichende Endungen hat nur die Ordnungszahl **тре́тий**:

m.	f.	n.	Pl.
тре́т**ий** ваго́н	тре́т**ья** у́лица	тре́т**ье** купе́	тре́т**ьи** кани́кулы

Etagenzählung

Die russische Etagenzählung unterscheidet sich von der deutschen. Denn пе́рвый эта́ж bedeutet *Erdgeschoß*. Unser erster Stock heißt auf russisch второ́й эта́ж, der zweite тре́тий эта́ж, usw.

Э́то четвёртый эта́ж!   *Das ist der dritte Stock!*
А мне пя́тый, пожа́луйста!   *Und für mich bitte den vierten!*

Lektion 12

Die Grundzahlen von 300 bis 1000

300	триста	500	пятьсот
301	триста один	600	шестьсот
327	триста двадцать семь	700	семьсот
399	триста девяносто девять	800	восемьсот
400	четыреста	900	девятьсот
405	четыреста пять	1000	(одна) тысяча

Infinitivsätze mit Dativ mit der Bedeutung „müssen" und „sollen"

„Müssen" und „sollen" kann im Russischen durch einen unpersönlichen Infinitivsatz ausgedrückt werden. Das deutsche Subjekt steht im Russischen im Dativ:

Вам куда (идти)?	Wohin müssen Sie (gehen)?
Мне в центр.	Ich muß ins Zentrum.
Вам какой этаж?	In welchen Stock müssen Sie?
Мне шестой этаж.	Ich muß in den fünften Stock.
Что же мне делать?	Was soll ich denn tun?
Кому дать эту книгу?	Wem soll ich dieses Buch geben?

Übungen

1. *Bilden Sie aus den folgenden Sätzen mit Hilfe von* нет + *Genitiv Negativaussagen:*

Beispiel: У него есть машина. → У него нет машины.

a. Там есть киоск. b. У Максима есть билет. c. У вас есть паспорт? d. У меня есть квартира. e. У неё есть роман Тургенева. f. В комнате есть телевизор и телефон. g. В музее есть ресторан. h. На улице есть автобус и трамвай. i. В городе есть парк. j. В фойе театра есть касса и бар. k. У бабушки есть дом.

2. *Скажи́те, отку́да э́ти тури́сты: Sagen Sie, woher diese Touristen sind:*
Beispiel: Га́би живёт в Га́мбурге. → Она́ из Га́мбурга, из Герма́нии.
   a. Фили́пп рабо́тает в Пари́же. b. Марк – кана́дец и живёт в Торо́нто. c. Джон рабо́тает в Вашингто́не. d. Он изве́стный англича́нин, профе́ссор в Ке́мбридже. e. Мари́на живёт в Ри́ме. f. А́йла – фи́нка и живёт в Ту́рку.

3. *Beantworten Sie die Fragen nach folgendem Muster:*
Beispiel: Студе́нты бы́ли в Новосиби́рске. Отку́да они прие́дут?
→ Они прие́дут из Новосиби́рска.
   a. Моя́ сестра́ была́ в шко́ле. Отку́да она́ придёт? b. На́ши роди́тели бы́ли в музе́е. Отку́да они́ приду́т? c. Никола́й был в теа́тре. Отку́да он придёт? d. Ле́том мои́ друзья́ бы́ли в Оде́ссе. Отку́да они́ прие́дут? e. Делега́ция была́ в Москве́. Отку́да она́ прие́дет? f. Мой оте́ц рабо́тает в поликли́нике. Отку́да он прихо́дит домо́й? g. Сего́дня мы бы́ли в институ́те. Отку́да мы придём ве́чером? h. Тури́сты бы́ли в Хаба́ровске. Отку́да они́ прие́дут? i. Хе́йкки был в купе́. Отку́да он придёт?

4. *Schreiben Sie die Zahlen aus:*

735	семьсо́т три́дцать пять
321	
849	
503	
394	
982	
166	
418	

Lektion 12

5. *Hören Sie sich die Zahlen auf der Cassette an. Schreiben Sie die Zahlen auf:*

_____

_____

_____

6. *Schreiben Sie die Ordnungszahlen aus und lesen Sie die Sätze:*
   a. Саша уже ходит в... (3.) класс. b. Это ... (1.) опера Шостаковича. c. Это уже ... (9.) этаж! d. ... (2.) автобус идёт в центр. e. Это наш ... (4.) день в Москве. f. Это уже твоя ... (6.) квартира! g. ... (5.) такси было свободно. h. Скажите, пожалуйста, где ... (10.) блок и ... (11.) квартира?

7. *Übersetzen Sie den Dialog ins Russische:*
   - Guten Tag, Vera Konstantinowna, ich freue mich, Sie zu sehen.
   - Guten Morgen, Tamara Sergejewna, wie geht es Ihnen?
   - Danke, so lala. Neulich war ich krank. Nichts Schlimmes. Doch jetzt ist alles in Ordnung. Und wie geht es Ihnen?
   - Danke, sehr gut. Ich arbeite viel, doch abends gehe ich im Park spazieren. Dort ist es sehr angenehm. Wie geht es Ihrer Tochter?
   - Danke, ganz gut. Sie wohnt jetzt in Tula. Aber sie ruft oft zuhause an. Und was macht Ihr Sohn?
   - Er ist Musiker und pflegt oft im Ausland zu sein. Er hat eine Frau, einen Sohn und eine Tochter. Ja, ja, ich bin schon Großmutter! Die Kinder gehen schon zur Schule, doch leider sind sie oft krank.
   - Nun, alles Gute und auf Wiedersehen!

Text A

За́втрак

Н. = Никола́й = Nikolaj
А́. = А́стрид = Astrid
Х. = Хе́йкки = Heikki

А́.	Чёрный хлеб, кефи́р, бе́лый хлеб. А что в холоди́льнике? В холоди́льнике сыр и ма́сло, колбаса́ и соси́ски. Вот ло́жка и таре́лка.	Schwarzbrot, Kefir, Weißbrot. Und was ist im Kühlschrank? Im Kühlschrank sind Käse und Butter, Wurst und Würstchen. Hier sind ein Löffel und ein Teller.
Н.	Э́то бо́рщ!	Das ist Borschtsch (Rote-Bete-Suppe)!
А́.	Прия́тного аппети́та, Никола́й!	Guten Appetit, Nikolaj!
Х.	... да, о́чень голо́дный! Вот хлеб. Э́то ма́сло. Э́то сыр. Э́то бутербро́д.	... ja, sehr hungrig! Hier ist Brot. Das ist Butter. Das ist Käse. Das ist ein belegtes Brot.
А́.	Да, э́то бутербро́д с сы́ром.	Ja, das ist ein belegtes Brot mit Käse.
Х.	Ну, а как э́то по-ру́сски?	Nun, und wie heißt das auf russisch?
А́.	Э́то ветчина́!	Das ist Schinken!
Х.	А-а, бутербро́д с ветчино́й!	Ah, ein belegtes Brot mit Schinken!
А́.	Да, э́то бутербро́д с ветчино́й!	Ja, das ist ein belegtes Brot mit Schinken!
Х.	А э́то бутербро́д с ветчино́й и сы́ром!	Und das ist ein belegtes Brot mit Schinken und Käse!

Lektion 13

А. Да, Хе́йкки, ты прав! Это бутербро́д с ветчино́й и сы́ром. Како́й ты голо́дный! У тебя́ хоро́ший аппети́т!
Х. Да, пра́вда! ... Ко́фе с молоко́м и са́харом – э́то о́чень вку́сно!
А. Что ты, Хе́йкки! Ко́фе – э́то не о́чень вку́сно!
Х. Это вку́сно, я люблю́ ко́фе!
А. Ну хорошо́ Хе́йкки, ты лю́бишь ко́фе, а я люблю́ чай. Чай с мёдом. Это о́чень вку́сно! Ну Хе́йкки, прия́тного аппети́та!
Х. Спаси́бо А́стрид!

Ja, Heikki, du hast recht! Das ist ein belegtes Brot mit Schinken und Käse. Wie hungrig du bist! Du hast einen guten Appetit!
Ja wirklich! ... Kaffee mit Milch und Zucker – das ist sehr lecker!
Was du nicht sagst, Heikki! Kaffee – das ist nicht sehr lecker!
Das schmeckt, ich mag Kaffee!
Nun gut Heikki, du magst Kaffee, und ich mag Tee. Tee mit Honig. Das ist sehr lecker! Nun Heikki, guten Appetit!
Danke Astrid!

Neue Wörter

Im Text

за́втрак	Frühstück	прия́тного аппети́та!	guten Appetit! *wörtl.: angenehmen Appetit!*
чёрный, -ая, -ое, -ые	schwarz	голо́дный, -ая, -ое, -ые	hungrig
кефи́р	Kefir		
холоди́льник	Kühlschrank	с + *Instr.*	mit
сыр	Käse	бутербро́д	belegtes Brot
ма́сло	Butter	ветчина́	Schinken
колбаса́	Wurst	Како́й ты голо́дный!	Wie hungrig du bist! *wörtl.: Was bist du für ein Hungriger!*
соси́ска	Würstchen		
ло́жка	Löffel		
таре́лка	Teller	ко́фе *m.*	Kaffee
аппети́т	Appetit	са́хар	Zucker
		мёд	Honig

Im Erklärungsteil

с чем?	womit?	душа́	Seele
любо́вь *f.*	Liebe		

Erklärungen

Instrumental nach der Präposition с *(mit)*
Der fünfte Fall, der Instrumental, ist ähnlich wie der Genitiv ein äußerst vielseitig gebrauchter Kasus. Er steht nach verschiedenen Präpositionen, kann aber auch in Konstruktionen ohne Präposition vorkommen. Er folgt u. a. auf die Präposition **с** in der Bedeutung von *mit*. So antwortet man auf die Fragen с кем? *(mit wem?)* und с чем? *(womit?, wodurch?)* mit der Präposition с und dem Instrumental.

С кем завтракает Борис?	*Mit wem frühstückt Boris?*
Борис завтракает с другом.	*Boris frühstückt mit dem Freund.*
С чем бутерброды?	*Womit (möchten Sie) die belegten Brote?*
Бутерброд с ветчиной.	*Ein belegtes Brot mit Schinken.*

Instrumental der Substantive

Genus	Nominativ Singular		Instrumental Singular	
	Endung	Beispielwörter	Endung	Beispielwörter
m.	-	сыр, Борис	-ом	с сыром, с Борисом
	-й	чай, Андрей	-ем	с чаем, с Андреем
	-ь	словарь, Игорь	-ем	со словарём, с Игорем
f.	-а	колбаса, Нина	-ой	с колбасой, с Ниной
	-я	семья, Аня	-ей	с семьёй, с Аней
	-ия	армия, Мария	-ией	с армией, с Марией
	-ь	любовь	-ью	с любовью
n.	-о	масло	-ом	с маслом
	-е	море	-ем	с морем
	-ие	здание	-ием	со зданием

Lektion 13

143

Lektion 13

Bei **ж, ч, ш, щ** und **ц** ist folgendes zu beachten:

- Bei **Endbetonung** steht **-óм** bzw. **-óй**, z. B. с отцо́м, с врачо́м, с душо́й.
- Bei **Stammbetonung** steht **-ем** bzw. **-ей**, z. B. с не́мцем, с продавщи́цей, с Са́шей.

Verben der e-Konjugation

Regelmäßig konjugiert, wie z. B. рабо́тать, werden die Verben

за́втракать	*frühstücken*
обе́дать	*zu Mittag essen*
у́жинать	*zu Abend essen*
ку́шать	*essen, speisen (allgemein)*

	за́втракать
я	за́втракаю
ты	за́втракаешь
он, она́, оно́	за́втракает
мы	за́втракаем
вы	за́втракаете
они́	за́втракают

Die entsprechenden Substantive lauten:

за́втрак	*Frühstück*
обе́д	*Mittagessen*
у́жин	*Abendessen*

Lektion 13

Text B

Борис и Степан завтракают в кафе.

Б. = Борис = Boris
С. = Степан = Stepan
Оф. = Официант = Kellner

С.	Боря, тебе чай или кофе?	Borja, für Dich Tee oder Kaffee?
Б.	Мне чёрный кофе и бутерброд.	Für mich einen schwarzen Kaffee und ein belegtes Brot.
С.	А я? Чай и тоже бутерброд.	Und ich? Einen Tee und auch ein belegtes Brot.
Б.	Пожалуйста, нам кофе, чай и бутерброды.	Für uns bitte einen Kaffee, einen Tee und belegte Brote.
Оф.	Вам с чем бутерброды? У нас есть бутерброды с сыром, с икрой и с колбасой.	Womit möchten Sie die belegten Brote? Wir haben welche mit Käse, mit Kaviar und mit Wurst.
С.	Боря, тебе с чем? С колбасой?	Borja, für dich womit? Mit Wurst?
Б.	Нет, с икрой.	Nein, mit Kaviar.
С.	Мне тоже с икрой.	Für mich auch mit Kaviar.
Оф.	Значит, вам бутерброды с икрой, чёрный кофе и чай. Что ещё?	Also, für Sie belegte Brote mit Kaviar, einen schwarzen Kaffee und einen Tee. Noch etwas?
С.	Спасибо, это всё.	Danke, das ist alles.
С.	Боря, какая программа у тебя будет в Москве?	Borja, was für ein Programm wirst du in Moskau haben?
Б.	Очень большая. Буду работать каждый день.	Ein sehr großes. Ich werde jeden Tag arbeiten.
Оф.	Пожалуйста!	Bitte sehr!
Б.	Спасибо!	Danke!

Lektion 13

С.	Но, всё-таки, у тебя будет время приехать к нам в гости.	Aber trotzdem wirst du Zeit haben, uns zu besuchen.
Б.	Да, конечно. Только не сегодня и не завтра.	Ja, selbstverständlich. Nur nicht heute und auch nicht morgen.
С.	Сегодня вторник, завтра среда. Может быть в четверг?	Heute ist Dienstag, morgen Mittwoch. Vielleicht am Donnerstag?
Б.	В четверг? В четверг я работаю. А пятница?	Am Donnerstag? Am Donnerstag arbeite ich. Und Freitag?
С.	Давай в пятницу. Во сколько, в семь или в восемь?	Sagen wir am Freitag. Wann, um sieben oder um acht?
Б.	Лучше в семь.	Besser um sieben.
С.	Договорились, в семь. – Ой, в пятницу я еду на командировку!	Abgemacht, um sieben. – Oh, am Freitag bin ich auf einer Dienstreise.

Lektion 13

Neue Wörter

Im Text

за́втракать, за́втракаю, за́втракаешь	frühstücken	среда́	Mittwoch
		мо́жет быть	vielleicht, kann sein
		четве́рг	Donnerstag
икра́	Kaviar	в + *Akk.*	am, um *(zeitlich)*
Что ещё?	Was noch?, Noch etwas?	пя́тница	Freitag
э́то всё	das ist alles	ско́лько	wieviel
ка́ждый, -ая, -ое, -ые	jeder	во ско́лько (часо́в)?	um wieviel Uhr?
всё-таки	trotzdem	лу́чше *(das ш wird nicht gesprochen)*	besser, lieber
вре́мя *n.*	Zeit		
прие́хать в го́сти	besuchen, zu Besuch *(gefahren)* kommen	договори́лись!	abgemacht!
вто́рник	Dienstag	командиро́вка	Dienstreise

Im Erklärungs- und Übungsteil und in der Fernsehfolge

понеде́льник	Montag	осо́бенно *Adv.*	besonders
середи́на	Mitte	яйцо́	Ei
неде́ля	Woche	обе́д	Mittagessen
день неде́ли	Wochentag	у́жин	Abendessen
суббо́та	Sonnabend	обе́дать, обе́даю, обе́даешь	zu Mittag essen
воскресе́нье	Sonntag		
воскресе́ние	Auferstehung		
яи́чница	Rührei	у́жинать, у́жинаю, у́жинаешь	zu Abend essen
лимо́н	Zitrone		
смета́на	saure Sahne		
лук	Zwiebel	ку́шать, ку́шаю, ку́шаешь	essen, speisen *(allgemein)*
ры́ба	Fisch		
пирожки́	Piroggen	холо́дный, -ая, -ое, -ые	kalt
ка́ша	Brei, Grütze		
свобо́дный, -ая, -ое, -ые	frei	повтори́те!	Wiederholen Sie!, wiederholt!
Что с тобо́й?	Was ist (los) mit dir? Was hast du?	ещё раз	noch einmal
		че́рез неде́лю	(bis) in einer Woche

Lektion 13

Erklärungen

Futur

Das Futur *(die Zukunft)* von unvollendeten Verben wird gebildet mit den Futurformen von быть[1] und dem Infinitiv des jeweiligen Verbs:

Где ты бу́дешь жить? *Wo wirst du wohnen?*
Я бу́ду рабо́тать ка́ждый день. *Ich werde jeden Tag arbeiten.*

Wochentage

Montag	понеде́льник	: э́то пе́рвый день **неде́ли**
Dienstag	вто́рник	: э́то **второ́й** день неде́ли
Mittwoch	среда́	: э́то **середи́на** неде́ли *(Wochenmitte)*
Donnerstag	четве́рг	: э́то **четвё́р**тый день неде́ли
Freitag	пя́тница	: э́то **пя́**тый день неде́ли
Samstag	суббо́та	: э́то шесто́й день неде́ли *(vgl.: Sabbat)*
Sonntag	воскресе́нье	: э́то седьмо́й день неде́ли *(vgl.:* **воскресе́ние** = *Auferstehung)*

Wie Sie sehen, kann man die Namen der Wochentage im Russischen von anderen Wörtern, wie z. B. den Ordnungszahlen, ableiten.

Zeitangaben mit Wochentagen

In Lektion 10 haben Sie erfahren, daß die Uhrzeitangabe „um ... Uhr" mit Hilfe der Präposition в gebildet wird. Auch die Zeitangabe bei Wochentagen wird mit der Präposition в gebildet, der Wochentag steht im Akkusativ:

Како́й день?	В како́й день?
понеде́льник	в понеде́льник
вто́рник	во вто́рник[2]
среда́	в сре́ду
четве́рг	в четве́рг
пя́тница	в пя́тницу
суббо́та	в суббо́ту
воскресе́нье	в воскресе́нье

---
[1] siehe Lektion 9
[2] zur Form *во* siehe Lektion 12, „flüchtiges o und e"

Lektion 13

Übungen

1. *Скажи́те, что мо́жно с чем ку́шать!* Sagen Sie, was man womit essen kann!

Beispiel:

Яи́чница с ветчино́й

1._____

2._____

3._____

4._____

5._____

6._____

Lektion 13

2. Setzen Sie die in Klammern stehenden Wörter in den Instrumental :
   Beispiel: Máша любит мороженое с ... (компот). → Máша любит мороженое с компотом.
   a. Утром я люблю белый хлеб с ... (мёд). b. Дайте мне, пожалуйста, бутерброд с ... (икра). c. Вы любите вино с ... (вода)? d. Борщ со ... (сметана) – это очень вкусно! e. Дети в школе: У кого есть бутерброд с ... (ветчина)? Даю бутерброд с ... (сыр). f. Ты любишь салат с ... (рыба)? g. Мама приготовила пирожки с ... (лук). h. Дети очень любят кашу с ... (масло). i. Яичница с ... (хлеб) – как вкусно!

3. *Bilden Sie mit den vorgegebenen Wörtern Sätze nach folgendem Muster:*
   Beispiel: профессор / студент / говорить → Профессор говорит со студентом.
   a. врач / пациентка / говорить.
   b. мама / сын / гулять.
   c. родители / учитель / говорить.
   d. внук / бабушка / гулять.
   e. Николай / сестра / обедать.
   f. ассистент / лаборантка / работать.
   g. мы / друг / идти на концерт.
   h. родители / дочка / были на юге.
   i. гид Интуриста / турист / говорить.
   j. В пятницу Аркадий / Лена / будет говорить.
   k. Максим / Лариса / гулять в парке.
   l. Почему вы / коллега / не работать вместе?
   m. пассажир / стюардесса / говорить.

4. *Setzen Sie die richtigen Ordnungszahlen ein:*
   Beispiel: Среда - *третий* день недели.
   a. Пятница - ... день недели. d. Понедельник - ... день недели.
   b. Суббота - ... день недели. e. Воскресенье - ... день недели.
   c. Вторник - ... день недели. f. Четверг - ... день недели.

Lektion 13

5. *Übersetzen Sie ins Russische:*
  a. Am Donnerstag waren wir im Theater. b. Am Dienstag werde ich nur arbeiten. c. Am Sonnabend werde ich freie Zeit haben. c. Welches Programm wirst du am Sonntag haben? e. Am Mittwoch sehen wir einen neuen Film. f. Am Montag waren wir bei Andrej zu Besuch *(быть в гостях).* g. Am Freitag werde ich nur vier Stunden arbeiten. h. Wo waren Sie am Mittwoch?

6. Что Хе́йкки бу́дет де́лать в Москве́? *Beschreiben Sie Heikkis zukünftigen Tagesablauf, indem Sie den Text ins Futur setzen:*

a. Хе́йкки живёт в гости́нице „Украи́на". b. Там у него́ большо́й одноме́стный но́мер. c. У́тром он за́втракает в гости́нице. c. Пото́м он говори́т по телефо́ну с семьёй. e. Днём он рабо́тает, но ве́чером у него́ есть вре́мя. f. Хе́йкки гуля́ет в це́нтре Москвы́ и ку́шает моро́женое. g. Он у́жинает в рестора́не на проспе́кте Кали́нина. h. Там хоро́шее кино́, где он смо́трит но́вые фи́льмы. Пото́м он слу́шает ра́дио в гости́нице.

Lektion 14

Text A

В автобусе

Х. = Хе́йкки = Heikki
1-й п. = пе́рвый пассажи́р = erster Passagier
2-й п. = второ́й пассажи́р = zweiter Passagier
3-й п. = тре́тий пассажи́р = dritter Passagier
Вод. = Води́тель авто́буса = Busfahrer

Х.	Хочу́, хочу́ ...	Ich will, ich will ...
1-й п.	Что вы хоти́те?	Was möchten Sie?
Х.	Мо́жно ... разреши́те пройти́? ... Это остано́вка Куту́зовский проспе́кт?	Darf ich ... erlauben Sie, daß ich vorbeigehe? Ist das die Haltestelle Kutusowskij Prospekt?
1-й п.	Да.	Ja.
Х.	Разреши́те пройти́?	Darf ich vorbei?
1-й п.	Пожа́луйста.	Bitte sehr.
Х.	Спаси́бо!	Danke!
Вод.	Метро́ Куту́зовское.	Metrostation Kutusowskaja.
2-й п.	Вы выхо́дите?	Steigen Sie aus?
3-й п.	Выхо́дите?	Steigen Sie aus?
Х.	Да.	Ja.
Вод.	Осторо́жно! Две́ри закрыва́ются. Сле́дующая остано́вка у́лица Дунае́вского.	Vorsicht! Die Türen werden geschlossen. Nächste Haltestelle Dunajewskij-Straße.

Neue Wörter

Im Text

авто́бус	Autobus
води́тель	Fahrer, Führer *von Fahrzeugen*
води́тель авто́буса	Busfahrer
хоте́ть, хочу́, хо́чешь	wollen, mögen
*пройти́, пройду́, пройдёшь	vorbei-, durchgehen, passieren
разреши́те пройти́	gestatten Sie, daß ich vorbeigehe
остано́вка	Haltestelle
выходи́ть, выхожу́, выхо́дишь	hinausgehen, aussteigen, herauskommen

Lektion 14

осторо́жно! *Adv.*	vorsichtig!, Vorsicht!	дверь *f.*	Tür
закрыва́ться, закрыва́юсь, закрыва́ешься	sich schließen, zugehen; sich bedecken	сле́дующий, -ая, -ее, -ие	nächster

Im Erklärungsteil

находи́ться, нахожу́сь, нахо́дишься	sich befinden	открыва́ться, открыва́ется *1. und 2. Pers.*	sich öffnen, aufgehen *ungebräuchlich*
находи́ть, нахожу́, нахо́дишь	finden	буфе́т	Büfett
одева́ться, одева́юсь, одева́ешься	sich anziehen	волнова́ться, волну́юсь, волну́ешься	sich aufregen, sich sorgen
одева́ть, одева́ю, одева́ешь	anziehen	сади́ться, сажу́сь, сади́шься	sich setzen
закрыва́ть, закрыва́ю, закрыва́ешь	schließen, zumachen; bedecken	перехо́д	Übergang
		кольцо́	Ring
опа́здывать, опа́здываю, опа́здываешь	sich verspäten	кольцево́й, -а́я, -о́е, -ы́е	Ring-
учи́ться, учу́сь, у́чишься	lernen, studieren	кольцева́я ли́ния	Ringlinie

Erklärungen

Konjugation von **хоте́ть** *(wollen, mögen)*

	хоте́ть *wollen, mögen*
я	хочу́
ты	хо́чешь
он, она́, оно́	хо́чет
мы	хоти́м
вы	хоти́те
они́	хотя́т

Die Konjugation von хоте́ть ist gemischt. Im Singular verläuft sie nach der e-Konjugation, im Plural nach der i-Konjugation. Zu beachten ist ferner der Konsonantenwechsel ч → т und der Betonungswechsel.

Что вы хоти́те? — *Was wollen/möchten Sie?*
Как (вы) хоти́те. — *Wie Sie wollen.*
Хо́чешь не хо́чешь. — *Ob man will oder nicht.*
Хе́йкки хо́чет посмотре́ть телеви́зор. — *Heikki will fernsehen.*

Lektion 14

Die reflexiven Verben

Russische Verben mit dem Anhängsel -ся nach Konsonanten bzw. -сь nach Vokalen sind reflexiv. Häufig sind die entsprechenden deutschen Verben ebenfalls reflexiv.

reflexiv	nicht reflexiv
мы нахо́дим**ся** *wir befinden uns*	мы нахо́дим *wir finden*
Я одева́ю**сь**. *Ich ziehe mich an.*	Я одева́ю сы́на. *Ich ziehe den Sohn an.*
закрыва́**ться** *sich schließen, zugehen*	закрыва́ть *schließen, zumachen*

Achtung:
Nicht alle Verben, die im Russischen reflexiv sind, sind auch im Deutschen reflexiv und umgekehrt:
опа́здывать = *sich verspäten*   учи́ться = *lernen, studieren*

Lektion 14

Konjugation der reflexiven Verben

	находи́ться *sich befinden*	одева́ться *sich anziehen*
я	нахожу́сь	одева́юсь
ты	нахо́дишся	одева́ешься
он, она́, оно́	нахо́дится	одева́ется
мы	нахо́димся	одева́емся
вы	нахо́дитесь	одева́етесь
они́	нахо́дятся	одева́ются

Nach Konsonanten erscheint also die Reflexivpartikel **-ся** und nach Vokalen die Reflexivpartikel **-сь**.

Reflexive Verben zum Ausdruck des Passivs

Reflexive Verben im unvollendeten Aspekt können zum Ausdruck des Passivs benutzt werden, wenn das Subjekt eine Sache (keine Person) ist und wenn das Prädikat in der 3. Person Singular oder Plural steht.

Осторо́жно, две́ри закрыва́ются!	*Vorsicht, die Türen werden geschlossen!*
Рестора́н закрыва́ется в 24 часа́.	*Das Restaurant wird um 24 Uhr geschlossen.*
Буфе́т открыва́ется в 7 часо́в.	*Das Büfett wird um 7 Uhr geöffnet.*

Der Imperativ von reflexiven Verben

Bei reflexiven Verben werden die uns bekannten Reflexivendungen **-ся** bzw. **-сь** an die Imperativendungen angehängt:
-ся steht nach **-й** und **-ь**; **-сь** steht nach **-и**, **-ите**, **-ьте**.

они́ волну́/ются	→ волну́**йся**! волну́**йтесь**!	*(sorge dich! sorgt euch!)*
они́ сад/я́тся	→ сади́**сь**! сади́**тесь**!	*(setz dich! setzt euch!)*
они́ познако́м/ятся	→ познако́м**ься**! познако́м**ьтесь**!	*(mach dich bekannt! macht euch bekannt!)*

Lektion 14

Ansagen in der Metro und im Bus

Metro

Осторо́жно, две́ри закрыва́ются!

Сле́дующая ста́нция - „Ки́евская".

„Ки́евская„. Перехо́д на кольцеву́ю ли́нию.

Vorsicht, die Türen werden geschlossen.

Nächste Station / Haltestelle ...

...Übergang zur Ringlinie.

Bus

Осторо́жно, две́ри закрыва́ются!

Сле́дующая остано́вка - у́лица Дунае́вского.

Einige „Spielregeln" für Bus und Metro

Wenn Sie an jemandem vorbei wollen, sagen Sie:	Разреши́те пройти́? / Мо́жно?
Wenn Sie aussteigen wollen und vor der Tür viele Menschen stehen, sagen Sie:	Вы выхо́дите?
Wenn Sie im Bus wegen Überfüllung nicht zum Fahrkartenautomaten oder -entwerter durchkommen, sagen Sie zu Ihrem Vordermann:	Бу́дьте добры́, переда́йте пожа́луйста!
Damit bitten Sie ihn, das Fahrgeld bzw. den Fahrschein durchzureichen. Не волну́йтесь! Nach kurzer Zeit erhalten Sie Ihren Fahrschein und ggf. das Wechselgeld zurück.	

Lektion 14

Text B

В буфéте

X. = Хéйкки = Heikki
Буф. = Буфéтчица = Büfettkraft

X.	Я хочý чай ... Извинúте!	Ich möchte einen Tee ... Entschuldigung!
Буф.	Здрáвствуйте!	Guten Tag!
X.	Здрáвствуйте!	Guten Tag!
Буф.	Что вы хотúте?	Was möchten Sie?
X.	Скóлько стóит чай?	Wieviel kostet der Tee?
Буф.	Четы́ре копéйки.	Vier Kopeken.
X.	Пожáлуйста!	Bitte!
Буф.	Сейчáс ... пожáлуйста!	Sofort ... bitte sehr!
X.	Ещё хлеб и мáсло.	Außerdem Brot und Butter.
Буф.	Бéлый, чёрный хлеб?	Weißbrot, Schwarzbrot?
X.	Бéлый, пожáлуйста!	Weißes, bitte!
Буф.	Бéлый, сейчáс ... скóлько? Два, три?	Weißes, sofort ... wieviel? Zwei, drei?
X.	Три!	Drei!
Буф.	Пожáлуйста!	Bitte sehr!
X.	А скóлько стóит колбасá?	Und wieviel kostet die Wurst?
Буф.	Колбасá? 14 (четы́рнадцать) копéек. Тóже? – Пожáлуйста! Ещё что?	Die Wurst? 14 Kopeken. Auch? – Bitte sehr! Sonst noch etwas?
X.	Всё!	Alles!
Буф.	Так, чай 4 (четы́ре) копéйки, хлеб с мáслом 10 (дéсять) копéек и колбасá 14 (четы́рнадцать) копéек ... 28 (двáдцать вóсемь) копéек.	Also, der Tee – 4 Kopeken, das Brot mit Butter - 10 Kopeken und die Wurst – 14 Kopeken ... 28 Kopeken.
X.	28 копéек, вот!	28 Kopeken, hier!

Lektion 14

Буф.	Так, 2 (две) копéйки сдáчи!	So, 2 Kopeken Wechselgeld!
Х.	Спасúбо!	Danke!
Буф.	Пожáлуйста, приятного аппетúта!	Bitte sehr, guten Appetit!
Х.	Мóжно?	Darf ich?
Буф.	Пожáлуйста!	Bitte sehr!
Х.	Спасúбо большóе!	Vielen Dank!
Буф.	Пожáлуйста!	Bitte sehr!
Х.	Телевúзор ... Гимнáстика для всех ... для всех ...	Fernsehen ... Gymnastik für alle ... für alle ...
Буф.	Вы хотúте телевúзор посмотрéть?	Sie wollen fernsehen?
Х.	Да.	Ja.
Буф.	Хотúте, я вам помогý?	Möchten Sie, daß ich Ihnen helfe?
Х.	Пожáлуйста!	Bitte!
Буф.	Так, телевúдение ... 18.45 (восемнáдцать сóрок пять) – Гимнáстика для всех ...	Also, das Fernsehen ... 18.45 – Gymnastik für alle ...
	19.05 (девятнáдцать ноль пять) – Сегóдня в мúре ...	19.05 – Heute in aller Welt ...
	Так, 19.30 (девятнáдцать трúдцать) – Концéрт ...	Also, 19.30 – Konzert ...
	20.30 (двáдцать трúдцать) – Тележурнáл „Наýка и жизнь" ...	20.30 – Fernsehjournal „Wissenschaft und Leben" ...
	21.00 (двáдцать одúн ноль ноль) – Врéмя. Это послéдние нóвости ...	21.00 – Wremja. Das sind die letzten Nachrichten ...

Lektion 14

	21.30 (двáдцать одúн трúдцать) – Чáрли Чáплин ... „Цирк"!	21.30 – Charly Chaplin ... „Cirkus"!
X.	„Цирк"? Это интерéсно!	„Cirkus"? Das ist interessant!
Буф.	Óчень! Ну, приятного аппетúта!	Sehr! Nun, guten Appetit!
X.	Спасúбо большóе!	Vielen Dank!
Буф.	Пожáлуйста!	Bitte sehr!

Neue Wörter

Im Text

буфéтчица	Büfettkraft
скóлько стóит ...?	wieviel kostet ...?
копéйка	Kopeke
сдáча	(herausgegebenes) Restgeld
две копéйки	zwei Kopeken
сдáчи	(Wechselgeld) zurück
гимнáстика	Gymnastik
для + *Gen.*	für
для всех	für alle

мир	Welt, Friede
тележурнáл	Fernsehjournal
наýка	Wissenschaft
жизнь *f.*	Leben
послéдний, -яя, -ее, -ие	letzter
нóвость *f.*	Neuigkeit, Neuheit
послéдние нóвости	letzte Nachrichten

In der Fernsehfolge

календáрь *m.*	Kalender
интересовáть, интересýю, интересýешь	interessieren
меня интересýет	mich interessiert
картúна	Bild
читáть, читáю, читáешь	lesen
газéта	Zeitung
гáлстук	Krawatte, Schlips
пиджáк	Jackett, Jacke
джúнсы	Jeans
пижáма	Schlafanzug
кроссóвки	Turnschuhe
свúтер	Pullover, Sweater

рубáшка	(Ober-)Hemd
бумáга	Papier
туалéтный, -ая, -ое, -ые	Toiletten-
жёлтый, -ая, -ое, ые	gelb
сúний, -яя, -ее, -ие	blau
зелёный, -ая, -ое, -ые	grün
рынок	Markt
помидóр	Tomate
замечáтельный, -ая, -ое, ые	bemerkenswert, hervorragend

Lektion 14

Im Erklärungsteil

организова́ть, организу́ю, организу́ешь	organisieren	демонстри́ровать, демонстри́рую, демонстри́руешь	demonstrieren; vorführen
танцева́ть, танцу́ю, танцу́ешь	tanzen	фотографи́ровать, фотографи́рую, фотографи́руешь	fotografieren

Im Übungsteil

Русла́н и Людми́ла	Ruslan und Ljudmila Oper von Glinka	ва́фли	Waffeln
Снегу́рочка	Schneeflöckchen *russ. Märchenfigur*; Oper von Rimskij-Korsakow	парфю́м	Parfüm
		схе́ма	Schema, Plan
		душ	Dusche
		балко́н	Balkon
Хова́нщина	Chowanschtschina Oper von Mussorgskij	акклиматизи́ровать, акклиматизи́рую, акклиматизи́руешь	sich akklimatisieren
Пи́ковая да́ма	Pique Dame Oper von Tschajkowskij		
Война́ и мир	Krieg und Frieden Oper von Prokofjew	донжуа́нствовать, донжуа́нствую, донжуа́нствуешь	verführen
Ива́н Суса́нин	Iwan Susanin Oper von Glinka	каталогизи́ровать, каталогизи́рую, каталогизи́руешь	katalogisieren
де́тский, -ая, -ое, -ие	Kinder-		
сеа́нс	Vorstellung	ца́рствовать, ца́рствую, ца́рствуешь	herrschen
шла	(sie) ging *hier:* lief		
абонеме́нт	Abonnement		
нет вре́мени	keine Zeit	аранжи́ровать, аранжи́рую, аранжи́руешь	arrangieren
гость *m.*	Gast		
ушёл	ging weg *hier: fuhr weg*		
ко́мната	Zimmer	реализова́ть, реализу́ю, реализу́ешь	realisieren
друго́й, -а́я, -о́е, -ы́е	anderer		
невозмо́жно	unmöglich	активи́роваться, активи́руется	aktiviert werden, sich beleben
идёт ремо́нт	wird repariert / restauriert	*1. und 2. Pers. ungebräuchlich*	
чемода́н	Koffer		
су́мка	Tasche	настоя́щий, -ая, -ее, -ие	echt, richtig, wahrhaftig
стоя́ть, стою́, стои́шь	stehen	корреспонде́нция	Korrespondenz
проду́кты *Pl.*	Lebensmittel	прессконфере́нция	Pressekonferenz
гара́ж	Garage		
банк	Bank *Geldinstitut*	блу́зка	Bluse
матрёшка	Matrjoschka *Puppe in der Puppe*	тюльпа́н	Tulpe
		ли́лия	Lilie

Erklärungen

Konjugation der Verben auf -овать und -евать

	организовáть *organisieren*	волновáться *sich aufregen*	танцевáть *tanzen*
я	организýю	волнýюсь	танцýю
ты	организýешь	волнýешься	танцýешь
он, онá, онó	организýет	волнýется	танцýет
мы	организýем	волнýемся	танцýем
вы	организýете	волнýетесь	танцýете
они́	организýют	волнýются	танцýют

Eine Reihe originär russischer Verben und viele aus Fremdwörtern abgeleitete Verben (im Deutschen meistens mit der Infinitivendung -ieren) folgen diesem besonderen Konjugationsschema, z. B.:
демонстри́ровать, фотографи́ровать, интересовáться.

Das nicht reflexive Verb интересовáть wird überwiegend in der 3. Person gebraucht:

Что вас интересýет?	*Was interessiert Sie/euch?*
Меня́ интересýет мýзыка.	*Mich interessiert Musik.*
Он меня́ интересýет.	*Er interessiert mich.*
Нас интересýет, что дéлает Хéйкки.	*Uns interessiert, was Heikki macht.*

Скóлько стóит ...? (*Wieviel kostet ...?*)

1	оди́н	рубль	однá		копéйка
2 3 4	два три четы́ре	рубля́	две три четы́ре		копéйки
5 ... 20	пять ... двáдцать	рублéй	пять ... двáдцать		копéек

161

Lektion 14

Was Sie schon in Lektion 10 im Zusammenhang mit den Uhrzeiten gelernt haben, gilt natürlich auch für andere Verbindungen mit Zahlen:

a) Nach der Zahl 1 sowie nach Zahlen, die als letztes Glied eine 1 haben (außer 11), steht der Nominativ Singular.

b) Nach den Zahlen 2, 3, 4 und allen zusammengesetzten Zahlen, die auf 2, 3, 4 enden (außer 12, 13, 14), steht der Genitiv Singular.

c) Nach den Zahlen ab 5, solchen, die auf 5 bis 0 enden sowie nach den Zahlen 11, 12, 13, 14 steht der Genitiv Plural.

Сколько стоит кофе?	*Wieviel kostet der Kaffee?*
Десять копеек.	*Zehn Kopeken.*
Сколько стоит всё вместе?	*Was kostet alles zusammen?*
Два рубля тридцать четыре копейки.	*Zwei Rubel 34 Kopeken.*

Deklination der Adjektive mit hartem und weichem Stammauslaut im Singular

	harter Stammauslaut			weicher Stammauslaut		
	m.	f.	n.	m.	f.	n.
Nom.	белый	белая	белое	синий	синяя	синее
Gen.	белого	белой	белого	синего	синей	синего
Dat.	белому	белой	белому	синему	синей	синему
Akk.	белый	белую	белое	синий	синюю	синее
Instr.	белым	белой	белым	синим	синей	синим
Präp.	белом	белой	белом	синем	синей	синем

Übungen

1. *Antworten Sie auf die Fragen:*

a. Когда́ идёт „Пи́ковая да́ма"?
b. Когда́ идёт „Война́ и мир"?
c. В кото́рый час идёт де́тский сеа́нс в сре́ду?
d. Сего́дня ве́чером идёт „Ива́н Суса́нин". Кака́я програ́мма бу́дет за́втра?
e. Вчера́ шла „Пи́ковая да́ма". Что идёт сего́дня?

Большо́й теа́тр		
ПН.	Русла́н и Людми́ла	20 ч.
ВТ.	Жизе́ль	19 ч.
СР.	Снегу́рочка	11 ч.
СР.	Хова́нщина	19 ч.
ЧТ.	Пи́ковая да́ма	20 ч.
ПТ.	Карме́н	20 ч.
СБ.	Война́ и мир	18 ч.
ВС.	Ива́н Суса́нин	11 ч.
ВС.	Оте́лло	19 ч.

f. У меня́ абонеме́нт в о́перу. К сожале́нию, в воскресе́нье у меня́ нет вре́мени. Вы не хоти́те пойти́? – Да, а что идёт?
g. Кака́я о́пера идёт в сре́ду?
h. Я не люблю́ о́перу, а бале́т. Когда́ идёт бале́т и како́й?

2. *Setzen Sie in die Lücken passende Verben in der richtigen Form ein. Zur Verfügung stehen Ihnen:*

открыва́ть, открыва́ться, закрыва́ть, закрыва́ться, помога́ть, хоте́ть, рабо́тать

Г. = гость = *Gast*
А. = администра́тор = *Empfangschef*

a. Г.: Извини́те, я _____ пое́хать в центр го́рода с гру́ппой из Фра́нкфурта. Когда́ идёт наш авто́бус?
   А.: Что вы _____? Ваш авто́бус уже́ ушёл.
b. Г.: Скажи́те, пожа́луйста, когда́ _____ парикма́херская на пе́рвом этаже́?
   А.: Парикма́херская _____ в 8 часо́в и _____ в час. Она́ _____ то́лько до обе́да.

c. Г.: У нас в но́мере 345 окно́ не _____ и дверь ко́мнаты не _____! Мы _____ друго́й но́мер!
   А.: К сожале́нию, э́то невозмо́жно.

d. Г.: Моя́ жена́ _____ ко́фе с молоко́м, а в рестора́не даю́т то́лько чай с лимо́ном. Когда́ _____ бар-кафе́ на деся́том этаже́?
   А.: В 16 часо́в, но к сожале́нию, лифт сего́дня не _____.

e. Г.: Вот ви́дите, э́то мой бага́ж: чемода́н и су́мка. Я зна́ю, что в чемода́не бы́ли две руба́шки. Сейча́с их нет! Где мои́ руба́шки?
   А.: Наве́рно руба́шки в су́мке. Мы не _____ чемода́ны.

f. Г.: Мы с жено́й _____ посмотре́ть Центра́льный музе́й револю́ции.
   А.: К сожале́нию, музе́й не _____, идёт ремо́нт.

g. Г.: Помоги́те мне пожа́луйста! Я не зна́ю, где моя́ гру́ппа.
   А.: Не волну́йтесь! Вот ви́дите, там стои́т ваш гид. Он _____.

h. Г.: Скажи́те пожа́луйста, мы живём на пя́том этаже́ и ка́ждый ве́чер _____ окно́. Но сего́дня о́чень плоха́я пого́да. Мо́жно _____ окно́ всё-таки?
   А.: Мо́жно, пожа́луйста, как вы _____.

3. *Sagen Sie, was alles nicht vorhanden ist, indem Sie diese Wörter in den Genitiv setzen:*

   a. Я хочу́ купи́ть проду́кты. В холоди́льнике нет ...
      (сыр / колбаса́ / молоко́ / шампа́нское / кефи́р / ма́сло / минера́льная вода́)

   b. Ра́зве э́то ку́хня *(Ist das etwa eine Küche)*? Здесь нет ...
      (холоди́льник / таре́лка / ло́жка)

   c. В чемода́не нет ...
      (га́лстук / туале́тная бума́га / пижа́ма / руба́шка / биле́т и па́спорт)

   d. Э́то о́чень плоха́я гости́ница, там нет ...
      (бар / парикма́херская / лифт / буфе́т / гара́ж / банк / кио́ск)

4. Скажи́те пожа́луйста, ско́лько сто́ят э́ти ве́щи: *Sagen Sie bitte, wieviel diese Sachen kosten:*

5. *Sagen Sie an der Hotelrezeption, was für ein Zimmer Sie möchten:*

Да́йте мне, пожа́луйста, но́мер с телеви́зором, с ...
(телефо́н / холоди́льник / туале́т и душ / балко́н / окно́ на парк / ра́дио)

Lektion 14

6. *Übersetzen Sie ins Russische und benutzen Sie dabei die folgenden Verben:*
акклиматизи́ровать, донжуа́нствовать, каталогизи́ровать, ца́рствовать, аранжи́ровать, реализова́ть, активизи́роваться.
  a. Er ist ein richtiger (настоя́щий) Don Juan (донжуа́н). Er liebt es zu verführen. b. Er herrscht wie ein richtiger Zar. c. Wann werden Sie den Plan realisieren? d. Der Bibliothekar katalogisiert neue Bücher. e. Unsere Korrespondenz (корреспонде́нция) wird aktiviert. f. Die Diplomaten arrangieren eine Pressekonferenz (прессконфере́нция). g. Du akklimatisierst dich gut in Archangelsk.

7. *Kreuzen Sie an, welcher Gegenstand nicht in die jeweilige Gruppe paßt:*

a. ☐ кра́сная икра́
   ☐ кра́сные помидо́ры
   ☐ кра́сный га́лстук
   ☐ кра́сное вино́

b. ☐ зелёный сала́т
   ☐ зелёная блу́зка
   ☐ зелёный сви́тер
   ☐ зелёные руба́шки

c. ☐ си́ние джи́нсы
   ☐ си́нее мо́ре
   ☐ си́ний га́лстук
   ☐ си́нее пальто́

d. ☐ бе́лый пиджа́к
   ☐ бе́лые кроссо́вки
   ☐ бе́лая пижа́ма
   ☐ бе́лое яйцо́

e. ☐ чёрный сви́тер
   ☐ чёрное пальто́
   ☐ чёрный ры́нок
   ☐ чёрные джи́нсы

f. ☐ жёлтый лимо́н
   ☐ жёлтая ро́за
   ☐ жёлтый тюльпа́н
   ☐ жёлтая ли́лия

Text A

Познакомьтесь!

Н. = Николай = Nikolaj
Б. = Борис = Boris
А́. = Аня = Anja

Н. Аня, познакомьтесь. Борис, это Аня, моя сестра.	Anja, macht euch miteinander bekannt. Boris, das ist Anja, meine Schwester.
Б. Очень приятно!	Sehr angenehm!
Н. А это Борис, бизнесмен из Финляндии.	Und das ist Boris, ein Geschäftsmann aus Finnland.
А́. Очень приятно!	Sehr angenehm!
Н. Он здесь на выставке демонстрирует спиннинги.	Er führt hier auf einer Ausstellung Angelgeräte vor.
Б. Аня, вы любите ловить рыбу?	Anja, angeln Sie gerne?
А́. Не очень. Это Коля у нас рыбак. Летом каждое воскресенье он ездит на рыбалку.	Nicht sehr. Kolja ist bei uns der Angler. Im Sommer fährt er jeden Sonntag zum Angeln.
Н. Да Борис, у меня есть мотоцикл.	Ja Boris, ich habe ein Motorrad.
А́. Да, у него есть мотоцикл!	Ja, er hat ein Motorrad!
Н. А что ... мотоцикл как мотоцикл, нормальный.	Na und ... eben ein Motorrad.
Б. Аня, что вас интересует? У вас есть увлечение?	Anja, was interessiert Sie? Haben Sie ein Hobby?
А́. Конечно есть! Моё увлечение теннис.	Natürlich! Mein Hobby ist Tennis.
Б. Да? Я тоже люблю играть в теннис!	Ja? Ich spiele auch gern Tennis!

Lektion 15

А. Да? А наш общий интерес в семье ... это дача.
Б. Я тоже часто езжу за город.
А. Тогда у нас общие интересы.

Ja? Und unser gemeinsames Hobby in der Familie ... ist das Sommerhäuschen.
Ich fahre auch oft ins Grüne!
Dann haben wir gemeinsame Interessen.

Neue Wörter

Im Text

бизнесмен	Geschäftsmann	нормальный, -ая, -ое, -ые	normal, üblich
выставка	Ausstellung	теннис	Tennis
спиннинг	Angel mit Metallköder	играть, играю, играешь	spielen
ловить, ловлю, ловишь	fangen		
ловить рыбу	angeln, fischen	общий, -ая, -ее, -ие	gemein(sam), allgemein
рыбак	Angler, Fischer	интерес	Interesse
рыбалка	Fischfang, Angeln	дача	Sommerhäuschen, Datscha
ездить, езжу, ездишь	fahren	за город	aufs Land, ins Grüne
мотоцикл	Motorrad	тогда	so, dann

In der Fernsehfolge und im Erklärungsteil

прекрасный, -ая, -ое, -ые	herrlich, ausgezeichnet	шахматы *Pl.*	Schach
чёртово колесо	Riesenrad *wörtl.*: Teufelsrad	кукла	Puppe
		флейта	Flöte
*открыть, открою, откроешь	öffnen	виолончель *f.*	Violoncello
русалка	Nixe; russ. Märchen- und Mythenwesen	гитара	Gitarre
		*пригласить, приглашу, пригласишь	einladen
отдыхать, отдыхаю, отдыхаешь[1]	sich erholen, ausruhen	*купить, куплю, купишь	kaufen
футбол	Fußball		

---

[1] тд wird wie langes т gesprochen.

Erklärungen

Verben der e-Konjugation

	игра́ть *spielen*	отдыха́ть *sich erholen*
я	игра́ю	отдыха́ю
ты	игра́ешь	отдыха́ешь
он, она́, оно́	игра́ет	отдыха́ет
мы	игра́ем	отдыха́ем
вы	игра́ете	отдыха́ете
они́	игра́ют	отдыха́ют

игра́ть в ... – *(ein Spiel) spielen*

Во что вы игра́ете?	*Was spielen Sie?*
Я игра́ю в те́ннис.	*Ich spiele Tennis.*
Мы игра́ем в футбо́л.	*Wir spielen Fußball.*
Мы игра́ем в ша́хматы.	*Wir spielen Schach.*
Я игра́ю в ку́клы.	*Ich spiele mit Puppen.*

игра́ть на ... – *(ein Instrument) spielen*

На чём вы игра́ете?	*Was (worauf) spielen Sie?*
Я игра́ю на фле́йте.	*Ich spiele (auf der) Flöte.*
Я игра́ю на виолонче́ли.	*Ich spiele Cello.*
Я игра́ю на гита́ре.	*Ich spiele Gitarre.*

Verben der i-Konjugation

	лови́ть *fangen*	е́здить *fahren*	пригласи́ть *einladen*
я	ловлю́	е́зжу	приглашу́
ты	ло́вишь	е́здишь	пригласи́шь
он, она́, оно́	ло́вит	е́здит	пригласи́т
мы	ло́вим	е́здим	пригласи́м
вы	ло́вите	е́здите	пригласи́те
они́	ло́вят	е́здят	приглася́т

купи́ть wird genauso wie **лови́ть** und **люби́ть** konjugiert. Achten Sie besonders auf das eingeschobene **л** in der 1. Person Singular.

Lektion 15

Die Verbpaare идти - ходить und ехать - ездить

In Lektion 12 haben wir gelernt, daß идти und ходить im Deutschen mit *gehen* wiedergegeben werden. Ebenso werden die Verben ехать und ездить mit dem einen deutschen Verb *fahren* übersetzt.

идти und **ехать** gehören zu einer Gruppe von Verben, die eine **zielgerichtete** (d. h. in eine Richtung gewandte), konkrete, einmalige Bewegung bezeichnen. Hier interessiert uns mehr der Weg zum Ziel als der Aufenthalt dort.

Хейкки идёт в магазин.	*Heikki geht in den Laden. (jetzt gerade, im Augenblick, einmal)*
Хейкки шёл[1] в магазин.	*Heikki ging in den Laden. (einmal, konkret; er fuhr nicht, er lief nicht, sondern er ging)*
Николай и Аня едут на дачу.	*Nikolaj und Anja fahren auf die Datscha. (jetzt gerade, im Augenblick, einmal)*
В воскресенье они ехали[1] на дачу.	*Am Sonntag fuhren sie auf die Datscha. (einmal, konkret)*

ходить und **ездить** bezeichnen eine nicht **zielgerichtete**, unbestimmte Bewegung (hin und her, herum), eine Bewegung, die den Hin- und Rückweg einschließt, eine sich wiederholende Handlung oder die Fähigkeit dazu. Hier meinen wir eher den Aufenthalt an einem Ort als die Fahrt oder den Gang dorthin. Meistens könnte man das Verb durch die entsprechenden Formen von быть ersetzen, ohne daß die Aussage des Satzes verändert würde.

Мы часто ходим в театр.	*Wir gehen oft ins Theater. (Wiederholung, hin und zurück; = wir sind oft im Theater)*
Хейкки, ты ходил[1] в Берёзку?	*Heikki, bist du in den Berjoska-Laden gegangen? (= warst du im Berjoska?)*
Каждое воскресенье Николай и Аня ездят на дачу.	*Jeden Sonntag fahren Nikolaj und Anja auf die Datscha. (Wiederholung, hin und zurück; = sie sind jeden Sonntag auf der Datscha)*
Он часто ездил[1] на рыбалку.	*Er fuhr oft zum Angeln. (Wiederholung, hin und zurück; = er war oft beim Angeln).*

---

[1] zur Vergangenheit s. S. 173

Text B

Кого́ я ви́жу?

Х. = Хе́йкки = Heikki
Н. = Никола́й = Nikolaj
Б. = Бори́с = Boris
А́. = А́ня = Anja

Н. Кого́ я ви́жу? Хе́йкки, не мо́жет быть!
Х. Здра́вствуйте!
Н. Здра́вствуй! Рад тебя́ ви́деть. А э́то моя́ сестра́ А́ня.
Х. Твоя́ сестра́! О́чень прия́тно.
А́. Здра́вствуйте, Хе́йкки!
Н. Как твои́ дела́?
Х. Прекра́сно! Сего́дня у меня́ свобо́дный день.
Н. Ты уже́ купи́л пода́рки домо́й?
Х. Да, я купи́л матрёшку.
Н. Ты ходи́л в Берёзку?
Х. Нет ... я купи́л матрёшку в кио́ске.
Н. „Ру́сский сувени́р"?
Х. „Ру́сский сувени́р" – там!
А́. Матрёшка хоро́ший пода́рок!
Н. А что ты де́лал в понеде́льник и во вто́рник?
Х. Я рабо́тал, был в кино́.

Wen sehe ich? Heikki, nicht möglich!
Guten Tag!
Guten Tag! Es freut mich, dich zu sehen. Und das ist meine Schwester Anja.
Deine Schwester! Sehr angenehm.
Guten Tag, Heikki!
Wie geht es dir?
Ausgezeichnet! Heute habe ich einen freien Tag.
Hast Du schon Geschenke für zu Hause gekauft?
Ja, ich habe eine Matrjoschka gekauft.
Warst du in einem Berjoska-Laden?
Nein, ich habe die Matrjoschka an einem Kiosk gekauft.
„Russisches Souvenir"?
„Russisches Souvenir" – dort!
Eine Matrjoschka ist ein schönes Geschenk!.
Und was hast du am Montag und am Dienstag gemacht?
Ich habe gearbeitet, ich war im Kino.

Lektion 15

Н. А вчера́ ве́чером ты отдыха́л?	Und gestern Abend hast du dich ausgeruht?
Х. Да, я смотре́л телеви́зор.	Ja, ich habe ferngesehen.
Б. Пра́вда?	Wirklich?
Х. Да, да, пра́вда!	Ja, ja, wirklich!
Н. За́втра ве́чером ты свобо́ден?	Bist du morgen Abend frei?
Х. Да, свобо́ден.	Ja, ich bin frei.
Н. Я хочу́ пригласи́ть тебя́ в го́сти.	Ich möchte dich gern zu Besuch einladen.
Х. В го́сти? Спаси́бо, с удово́льствием!	Zu Besuch? Danke, mit Vergnügen!
А. Бори́с, приходи́те и вы!	Boris, kommen auch Sie!
Б. Спаси́бо, с удово́льствием!	Danke, mit Vergnügen!

Neue Wörter

Im Text

кого́ *Akk. von* кто	wen	сувени́р	Souvenir
Не мо́жет быть!	(Das ist) unmöglich!, Das kann (doch) nicht (wahr) sein!	свобо́ден *für Männer,* свобо́дна *für Frauen,* свобо́дны *Plural für alle Geschlechter*	frei (sein, haben)
прекра́сно *Adv.*	sehr gut, ausgezeichnet, herrlich		
пода́рок *Pl.:* пода́рки	Geschenk		
Берёзка	Berjoska-Laden *Geschäft, in dem man gegen Devisen Souvenirs, Literatur, Spirituosen etc. kaufen kann*	удово́льствие с удово́льствием	Vergnügen mit Vergnügen, gerne

Im Erklärungs- und Übungsteil

приглаше́ние	Einladung	ка́ждые два дня	alle zwei Tage, jeden zweiten Tag
быть в гостя́х	zu Besuch sein		
ка́ждую суббо́ту	jeden Sonnabend	гото́вить, гото́влю	zu-, vorbereiten;
ка́ждую неде́лю	jede Woche	гото́вишь	Kochen
		клие́нт	Kunde

Erklärungen

Präteritum *(Vergangenheit)*
Bei den meisten Verben wird das Präteritum gebildet, indem man anstelle der Infinitivendung -ть je nach Geschlecht des Subjekts die Endungen **-л** *(für maskulinum)*, **-ла** *(für femininum)*, **-ло** *(für neutrum)* oder **-ли** *(für Plural, alle Geschlechter)* setzt.

		рабо́та/ть	смотре́/ть	е́ха/ть	жи/ть
m.	я, ты, он	рабо́тал	смотре́л	е́хал	жил
f.	я, ты, она́	рабо́тала	смотре́ла	е́хала	жила́
n.	оно́	рабо́тало	смотре́ло	е́хало	жи́ло
Pl.	мы, вы, они́	рабо́тали	смотре́ли	е́хали	жи́ли

Wie in vielen anderen Sprachen gibt es auch im Russischen einige unregelmäßige Bildungen des Präteritums:

		идти́	прийти́	расти́
m.	я, ты, он	шёл	прошёл	рос
f.	я, ты, она́	шла	пришла́	росла́
n.	оно́	шло	пришло́	росло́
Pl.	мы, вы, они́	шли	пришли́	росли́

Wie Sie bereits aus Lektion 8 von быть / был /была́ / бы́ло / бы́ли wissen, gibt es im Russischen nur eine Vergangenheit. Somit kann z.B. он рабо́тал je nach Textzusammenhang heißen *er arbeitete, er hat gearbeitet* oder *er hatte gearbeitet.*

Lektion 15

Deklination der Adjektive mit den Stammauslauten г, к, х, ж, ч, ш, щ im Singular

Stammauslaut auf г, к, х

	m.	f.	n.
Nom.	ру́сский	ру́сская	ру́сское
Gen.	ру́сского	ру́сской	ру́сского
Dat.	ру́сскому	ру́сской	ру́сскому
Akk.	ру́сский	ру́сскую	ру́сское
Instr.	ру́сским	ру́сской	ру́сским
Präp.	ру́сском	ру́сской	ру́сском

Stammauslaut auf ж, ч, ш, щ – stammbetont

	m.	f.	n.
Nom.	о́бщий	о́бщая	о́бщее
Gen.	о́бщего	о́бщей	о́бщего
Dat.	о́бщему	о́бщей	о́бщему
Akk.	о́бщий	о́бщую	о́бщее
Instr.	о́бщим	о́бщей	о́бщим
Präp.	о́бщем	о́бщей	о́бщем

Stammauslaut auf ж, ч, ш, щ – endbetont

	m.	f.	n.
Nom.	большо́й	больша́я	большо́е
Gen.	большо́го	большо́й	большо́го
Dat.	большо́му	большо́й	большо́му
Akk.	большо́й	большу́ю	большо́е
Instr.	больши́м	большо́й	больши́м
Präp.	большо́м	большо́й	большо́м

Lektion 15

Redewendungen zum Thema приглашéние *(Einladung)*

приглашéние	*Einladung*
Я хочý пригласи́ть вас в го́сти.	*Ich möchte Sie (zu Besuch) einladen.*
Большо́е спаси́бо за приглашéние.	*Vielen Dank für die Einladung.*
Приходи́те к нам в го́сти!	*Kommen Sie zu uns zu Besuch! / Besuchen Sie uns!*
Спаси́бо, я придý с удово́льствием.	*Danke, ich komme gern.*
быть в гостя́х	*zu Besuch sein*
Мы бы́ли в гостя́х у Петро́вых.	*Wir waren bei den Petrows zu Besuch.*

Lektion 15

Übungen

1. *Schreiben Sie in die leeren Kästchen die fehlenden Formen der Vergangenheit und den Infinitiv:*

быть *Inf.*	был *m.*	былá *f.*	бы́ли *Pl.*
рабóтать	рабóтал	рабóтала	рабóтали
	знал		
		жилá	
	рос		
			шли
приéхать			
ждать			
	говори́л		
		смотрéла	
			люби́ли
ходи́ть			
			слýшали
	болéл		
		помогáла	
бывáть			

Lektion 15

2. *Setzen Sie die folgenden Sätze in die Gegenwart:*
Beispiel: Áня чáсто болéла. → Áня чáсто болéет.
a. Пáпа был дóма и смотрéл телевúзор. b. Ýтром мы зáвтракали дóма. c. Онá рабóтала вóсемь часóв. d. Николáй éздил на рабóту на мотоцúкле. e. Онú жúли в Мúнске. f. Олéг и Фёдор игрáли в шáхматы. g. Я не знáла, когдá он придёт домóй.

3. *Setzen Sie die folgenden Sätze in die Vergangenheit:*
Beispiel: Он чáсто опáздывает. → Он чáсто опáздывал.
a. Лáра идёт в магазúн. b. Кóля и Мáша гуляют в пáрке. c. Тáня, ты слýшаешь мýзыку? d. Úгорь говорúт с Ирúной. e. Елéна всегдá обéдает в ресторáне. f. Мой родúтели ждут меня.

4. *Verbinden Sie die zueinander passenden Satzteile:*

a. Кáждое ýтро   игрáет в тéннис   обéд.
b. Кáждое воскресéнье   Николáй éздит   вмéсте.
   онú зáвтракают   и говорúт с
c. В Москвé   прихóдит врач   пациéнтом.
d. Áня   муж готóвит   на рыбáлку.
e. Кáждую суббóту   Борúс рабóтает   кáждый день.
f. Кáждые два дня   кáждую недéлю.

5. Кто идёт / éдет кудá с чем / с кем?
Bilden Sie nach diesem Muster aus den vorgegebenen Wörtern Sätze:
Beispiel: Мáша / дéтский сад / кýкла. Мáша идёт в дéтский сад с кýклой.
a. Хéйкки / стýдия Мосфúльма / режиссёр
b. Николáй / рыбáлка / спúннинг
c. Áня / парк / кнúга
d. Хéйкки / домóй / матрёшка
e. Борúс / вы́ставка / и говорúт / клиéнт
f. Ю́рий Борúсович / дóчка / женá
g. Гид / музéй / турúст
h. Степáн / вокзáл / чемодáн

Lektion 15

6. *Bringen Sie die Repliken der folgenden Dialoge in die richtige Reihenfolge:*

a.
- ☐ Ну, нормально. Куда вы идёте?
- ☐ Мне тоже туда, давайте, пойдём вместе.
- ☒ 1 Доброе утро, как вы живёте?
- ☐ В университет. Семинар в 9 часов.
- ☐ Конечно, пошли!
- ☐ Прекрасно! А как ваши дела?

b.
- ☐ Да, слышу. Здравствуй, Иван!
- ☐ Договорились, пока!
- ☐ Алло, Галя? Ты слышишь меня?
- ☐ Хорошо, давай в воскресенье.
- ☐ Ой, спасибо, я очень рада. Но завтра у меня нет времени, лучше в воскресенье.
- ☐ Галя, я хочу пригласить тебя на завтра в кино.

c.
- ☐ Да, слава богу! *(Gott sei Dank!)*
- ☐ Ну ладно. А сегодня? Всё в порядке?
- ☐ Дома. У меня была температура.
- ☐ Извините, но у меня нет телефона.
- ☐ Здравствуйте, Надя, где вы были вчера?
- ☐ Но мы вас ждали! Почему вы не звонили?

7. *Beantworten Sie die Fragen zu den Fernsehdialogen:*

a. Где сегодня отдыхали наши друзья Хейкки, Борис и Николай?
b. Какой бизнес у Бориса, почему он в Москве?
c. Куда ездит Николай каждое воскресенье?
d. Что интересует Николая?
e. Кто Аня и что она любит?
f. Какое увлечение у Бориса?
g. У кого есть общие интересы?
h. Кого увидел Николай?
i. Почему Хейкки тоже в парке?
j. Где был Хейкки, что он купил?
k. Какой подарок купил Хейкки?
l. Что делал Хейкки в понедельник, во вторник и вчера?
m. Что говорил Хейкки, когда Николай пригласил его в гости?

Lösungsschlüssel

Lektion 1

1. a. Mark, Karte, Maske, Park, Antenne, Apparat, Attest, Meister
   b. Sorte, Sport, Torte, Note, Norm, Kompaß, Paß, Anton
   c. Summe, Suppe, Struktur, Kaktus
   d. Thema, Text, Semester, Reparatur, Meter, Charakter, Rakete, Presse, Nerv, Sportler, Geheimnis
   e. Interesse, Institut, Instinkt, Instrument, Risiko, Zentimeter, Minute, Nikotin, Irina, Larissa
   f. Straßenbahn, Nylon, Rhein, Tolstoj
   g. Metall, Klasse, Karneval, Kilometer, Plakat, Reklame, Kristall, Michael
   h. Komplex, Poliklinik, Kleister, Alexej
   i. Krim, Touristen, Akte, Takte, Apparate, Institute, Vitamine

2. Meister, Paß, Summe, Reparatur, Institut, Straßenbahn, Reklame, Poliklinik, Krim, Vitamine, Artist, Quartal/Stadtteil, Zucker, Charakter

3. a. касса b. аппарат c. портвейн d. теннис e. турист f. Америка g. хаос h. Осло

4. 1c, 2g, 3f, 4b, 5h, 6a, 7d, 8e

5. метро

Lektion 2

1. Australien, Tbilissi, Archangelsk, Wladiwostok, Swerdlowsk, Wilnius, Nowgorod, Literatur, Musik, Autobiographie, Grammatik, Friseur (*vgl.: Perückenmacher*), Frucht, Enthusiasmus

2. Automat, Agronom, Akrobat, Bibliothek, Biologie, Demokrat, Diplomat, Dokument, Zoo, Komsomol, Kolchose, Kommunist, Komponist, Krokodil, Mikrophon, Moment, Motor, Problem, Protokoll, Trolleybus, Alkohol, Boris, Wladiwostok, Nikolaj

3. Apfelsine, Anekdote, Appetit, Attest, Butterbrot, General, Interesse, Kalender, Leutnant, Telefon, Reform, Religion, Fernsehapparat, Stephan, Sergej, Element, Dessert, Legende

4. Jamaika, September, Akademie, Idee, Karriere, Projekt, Klient, Apotheke, Sphäre, Schauspieler, Hypnotiseur, Bataillon, Humor, Juli, New York, Nürnberg, Köln, Wladimir

Lösungsschlüssel

5. Album, Detail, Kartoffeln, Palme, Politik, Pudel, Lüneburg, Leitmotiv, Waffel, Illusion, Souffleur/Souffleuse, Profil, Stanniol, Null, Duell, Vestibül, Elbe/Elba, Smolensk

6. дипло́мы, фа́кты, солда́ты, студе́нты, биле́ты, фру́кты, бутербро́ды, рефо́рмы, ро́зы, секу́нды, сигаре́ты, ка́ссы, да́мы, конфе́ты *(Konfekt)*

7. a. футбо́л b. компо́т c. дива́н d. Мари́на e. эпизо́д f. Калифо́рния

Lektion 3

1. Subjekt, Zement, Zifferblatt, Leningrader, Schokolade, Landschaft, Champagner, Journalist, Jalousie, Gepäck, Tschechoslowakei, Sandwich, technisch, Genosse, Gemüse

2. Souvenir, Subjekt, Quarz, Zylinder, Schotte, Spritze, Spion, Spinat, Strafe, Stöpsel, Schnur, Marsch, Schleswig-Holstein, Maßstab, Stuttgart, Giraffe, Gelatine, Genf, Algerien/Algier, Dirigent, Iwanowitsch, Scheck, automatisch, Kutscher, Zarewitsch, Putsch

3. Waagerecht: Алекса́ндр, марш, му́зыка, Па́вел, Мари́я, э́то, хара́ктер, Омск, парк
   Senkrecht: тра́ктор, мы, май, ла́мпа, хор, акт, кто, те́ма, ра́дио

4.   I. 1d, 2e, 3f, 4a, 5b, 6h, 7c, 8g
     II. 1e, 2d, 3f, 4g, 5b, 6h, 7c, 8a
     III. 1c, 2e, 3f, 4h, 5a, 6g, 7b, 8d
     IV. 1c, 2e, 3g, 4f, 5h, 6a, 7d, 8b

5. a. Кто э́то? b. Что э́то? c. Что э́то? d. Что э́то? e. Кто э́то? f. Что э́то? g. Кто э́то? h. Кто э́то? i. Что э́то? j. Кто э́то? k. Что э́то? l. Что э́то?

6. 1. Что э́то? Э́то цирк. 2. Что э́то? Э́то ла́мпа. 3. Что э́то? Э́то маши́на. 4. Кто э́то? Э́то тури́ст. 5. Что э́то? Э́то трамва́й. 6. Что э́то? Э́то телеви́зор. 7. Кто э́то? Э́то шофёр. 8. Что э́то? Э́то авто́бус. 9. Что э́то? Э́то самова́р.

Lösungsschlüssel

Lektion 4

1. a. Три́фонович, Три́фоновна
   b. Мирosláвович, Мирosláвовна
   c. Леони́дович, Леони́довна
   d. Рома́нович, Рома́новна
   e. И́горевич, И́горевна
   f. Архи́ппович, Архи́пповна
   g. Оле́гович, Оле́говна
   h. Ла́заревич, Ла́заревна
   i. Емеля́нович, Емеля́новна
   j. Алексе́евич, Алексе́евна

2. a. Гео́ргий b. Мстисла́в c. Яросла́в d. Тере́нтий e. Фили́пп f. Кири́лл g. Вячесла́в h. Андре́й i. Федо́т j. Анато́лий

3. a. 3 2 1 b. 3 1 2 c. 2 1 3 d. 2 3 1 e. 1 3 2 f. 3 2 1 g. 2 1 3

4. a. K.: Hallo? Hier ist Kolja. Bist du das, Mascha?
   M.: Ja, das bin ich. Grüß dich, Kolja!
   K.: Hallo, Mascha! Wie geht's?
   M.: Danke, gut. Alles in Ordnung.
   K.: Nun denn, tschüß! Auf Wiedersehen.
   M.: Auf Wiedersehen.

   b. A.P.: Hallo? Guten Tag!
   N.S.: Guten Tag!
   A.P.: Hier ist Anton Pawlowitsch. Sind Sie Walentina Andrejewna Kusnezowa?
   N.S.: Nein. Ich bin Nina Sergejewna Kusnezowa, die Tochter. Wer sind Sie?
   A.P.: Ich bin Professor Melnikow. Wo ist deine Mutter?
   N.S.: Hier, bitte ..
   A.P.: Danke, auf Wiedersehen ...

5. 1. За́йцев, Никола́й Алексе́евич
   2. Кузнецо́в, Серге́й Ива́нович
   3. Кузнецо́ва, Валенти́на Андре́евна
   4. Кузнецо́ва, Ни́на Серге́евна
   5. Ме́льников, Алекса́ндр Анто́нович
   6. Ме́льников, Анто́н Па́влович
   7. Ме́льников, Серге́й Анто́нович
   8. Ме́льникова, Людми́ла Петро́вна
   9. Петро́в, Ю́рий Бори́сович
   10. Петро́ва, Ни́на Алекса́ндровна
   11. Попо́ва, Еле́на Степа́новна
   12. Шува́лова, Екатери́на Миха́йловна

Lösungsschlüssel

Lektion 5

	Großvater	Vater	Mutter	Sohn	Tochter
1. a.	(5)	(2)	(3)	(1)	(4)
b.	(1)	(2)	(5)	(3)	(4)
c.	(4)	(3)	(2)	(5)	(1)

2. a. Евге́ний b. молодо́й челове́к c. до свида́ния d. вот e. здесь f. шоссе́ g. щи h. карто́фель i. до́брый день j. Ма́ша k. ру́сская

3. 1.b. 2.c. 3.b.

4. a. францу́женка b. америка́нцы c. не́мка d. ру́сские e. англича́нка f. финн

5. a. Её b. неё, меня́ c. Нас d. вас e. тебя́ f. Их g. Его́ h. них i. меня́

6. a. m.; b. f.; c. n.; d. m.; e. m.; f. f.; g. m.; h. n.; i. f.; j. f.; k. m.; l. m.; m. n.; n. m.; o. f.; p. m.; q. f.; r. n.; s. m.; t. m.; u. n.; v. f.; w. m.; x. m.; y. n.; z. m.

Lektion 6

3. a. Кто э́то? b. Где ме́сто но́мер три? c. Как вас зову́т? d. Как она́ говори́т по-ру́сски? e. Куда́ вы е́дете? f. Как она́ понима́ет по-ру́сски? g. Кака́я это библиоте́ка? h. Что э́то? i. Где За́йцев? j. Кто немно́го понима́ет по-англи́йски? k. Где ваго́н-рестора́н?

4. c. (я) говорю́ d. понима́ть e. (ты) понима́ешь f. говори́ть g. (он) понима́ет. h. (они́) понима́ют i. (ты) е́дешь j. (я) е́ду k. (мы) говори́м l. (они́) е́дут.
Lösungswort: хоро́ший анекдо́т *(ein guter Witz)*

5. maskulinum: до́брый день, сын, его́, Вы́борг, эсто́нец, но́мер, комплиме́нт
femininum: Герма́ния, не́мка, Москва́, до́чка, ру́сская, жена́
neutrum: большо́е спаси́бо, сожале́ние, ме́сто,
Plural: нас, тури́сты, Ме́льниковы

6. a. Мы е́дем в Берли́н. b. Они́ е́дут в Ита́лию. c. Она́ е́дет в Стокго́льм. d. Ты е́дешь в Йе́ну. e. Вы е́дете в А́фрику. f. Я е́ду в Душанбе́. g. Он е́дет в Бава́рию. h. Ты е́дешь в Ви́льнюс. i. Мы е́дем в Ри́гу. j. Они́ е́дут в О́сло.

Lösungsschlüssel

7. – Guten Tag! Sagen Sie bitte, wie heißen Sie?
   – Entschuldigen Sie, ich verstehe Sie nicht.
   – Wie heißen Sie?
   – Ja, jetzt verstehe ich. Ich heiße Klaus Meier.
   – Sehr angenehm. Ich bin Iwan Konstantinowitsch. Sind Sie Deutscher?
   – Ja, ich bin Deutscher.
   – Sie sprechen schon sehr gut russisch.
   – Nein, nicht sehr. Russisch zu sprechen ist so schwer! Und ich verstehe sehr schlecht.
   – Meiner Meinung nach verstehen Sie mich nicht schlecht.
   – Danke für das Kompliment. Sagen Sie bitte, sprechen Sie deutsch oder englisch?
   – Leider nicht. Ich spreche nur russisch. Das ist schlecht, aber das ist Tatsache. Wohin fahren Sie?
   – Ich fahre nach Moskau als Tourist.
   – Und ich fahre auch dorthin, nach Hause.
   – Wie interessant! Ich habe hier einen Plan. Zeigen Sie mir bitte, wo das Hotel „Ukraina" ist.
   – Bitte sehr. Hier ist das Hotel.
   – Vielen Dank.

Lektion 7

1. 1. врач. 2. кондитер. 3. гид. 4. учительница. 5. продавщица. 6. парикмахер. 7. актёр 8. шофёр

2. a. Мы едем к месту. b. Вы едете к внуку. c. Тётя едет к Максиму. d. Я еду к супругу. e. Внучка едет к бабушке. f. Они едут к тёте. g. Ольга едет к Олегу. h. Внук едет к дедушке. i. Ты едешь к жене. j. Гид едет к туристу. k. И вы едете к морю. l. Нина едет к актёру.

3. 1. Это моя жена. 2. Это мои дети. 3. Это наш дедушка. 4. Это моя бабушка. 5. Это мой брат. 6. Это наши родители.

4. a. Моя бабушка говорит по-русски и по-немецки. b. Твой дядя едет домой. c. Наши родители понимают по-английски. d. Мой брат правильно говорит по-русски. e. Это наш багаж. f. Ваш сын говорит по-английски? g. У меня (есть) семья. h. У вас есть билет? i. Мой дедушка едет в Минск. j. Это ваша проблема. k. Наши дети едут на Кавказ. l. Моя дочка парикмахер.

Lösungsschlüssel

5. a. У тебя́ есть апельси́н. b. У меня́ есть шокола́д. c. У нас есть инжене́р. d. У меня́ есть хо́бби. e. У вас есть фи́рма. f. У меня́ есть фотоаппара́т. g. У нас есть де́душка. h. У тебя́ есть телефо́н. i. У нас есть брат. j. У вас есть телеви́зор.

6. a. Здра́вствуй! / Приве́т!
   b. Здра́вствуйте, ... (+ *Name*)!
   c. (Скажи́те пожа́луйста,) Как вас зову́т?
   d. Я не́мка / Я не́мец.
   e. Извини́те (, пожа́луйста)!
   f. Спаси́бо.
   g. *siehe Lektion 4, Seite 46*
   h. Я непло́хо понима́ю и говорю́ по-англи́йски.
   i. У меня́ (оди́н) брат и (одна́) сестра́.
   j. (Скажи́те пожа́луйста,) Куда́ вы е́дете?
   k. Я е́ду в Ту́лу и в Ки́ев.
   l. У вас есть фру́кты?
   m. Сади́тесь, пожа́луйста.
   n. Где мой бага́ж?
   o. К сожале́нию, я то́лько немно́го говорю́ по-ру́сски.

Lektion 8

1. a. бы́ли b. был c. была́ d. бы́ли e. бы́ли f. была́ g. бы́ло h. был i. бы́ли

2. a. ва́ша b. наш c. твоё d. наш e. мой f. твоё g. ваш h. мой i. на́ши j. наш

3. 1.c. 2.b. 3.c. 4.a. 5.a. 6.c.

4. a. Это ру́сское шампа́нское. b. Это инди́йский чай. c. Это изве́стная актри́са. d. Это бе́лый хлеб. e. Это моско́вское метро́. f. Это интеллиге́нтный студе́нт. g. Это Кра́сная пло́щадь. h. Это интере́сная кни́га. i. Это свобо́дное ме́сто. j. Это фи́нский музе́й.

5. a. Я говорю́ по-ру́сски. b. Бори́с и Хе́йкки понима́ют по-фи́нски. c. Вы хорошо́ зна́ете ру́сский рома́н „До́ктор Жива́го". d. Я гуля́ю. e. Ты смо́тришь телеви́зор. f. Я ви́жу ваго́н но́мер 3. g. Мы опа́здываем. h. Де́душка и ба́бушка гуля́ют в па́рке. i. Гид зна́ет, где гости́ница „Москва́". j. Ты е́дешь в центр. k. Студе́нты смо́трят америка́нский фильм.

Lösungsschlüssel

Lektion 9

1. a. Лéтом мы бы́ли в Ло́ндоне. b. Лéтом мы бы́ли в Варша́ве. c. в Пари́же d. в По́льше e. в Ту́ле f. в Ленингра́де g. в Кана́де h. в Ри́ме i. на Кавка́зе

2. a. я прие́ду, ты прие́дешь, он, она́, оно́ прие́дет, мы прие́дем, вы прие́дете, они́ прие́дут
b. я передаю́, ты передаёшь, он передаёт, мы передаём, вы передаёте, они́ передаю́т

3. a. Я уже́ была́ в о́пере. b. Я уже́ была́ в кино́. c. Я уже́ был в ци́рке. d. Я уже́ была́ в кафе́. e. Я уже́ был в консервато́рии. f. Мы уже́ бы́ли в Кремле́. g. Я уже́ был на стадио́не. h. Я уже́ был в зоопа́рке.

4. a. звони́шь b. звоню́ c. слы́шите d. слы́шу e. иду́т f. идёт, идёт g. говори́шь h. опа́здывает i. смо́трит j. смо́тришь

5. a. две́сти шестьдеся́т пять - три́дцать три - пятьдеся́т два
b. сто два́дцать четы́ре - со́рок оди́н - во́семьдесят шесть
c. две́сти се́мьдесят во́семь - девяно́сто де́вять - се́мьдесят оди́н
d. сто девяно́сто - пятьдеся́т пять - со́рок четы́ре
e. две́сти два́дцать пять - три́дцать де́вять - ноль ноль

6. Lösung: Ти́ше е́дешь, да́льше бу́дешь. (*Eile mit Weile*)

Lektion 10

1. a. пятна́дцать b. двена́дцать c. семна́дцать d. оди́ннадцать e. се́мьдесят во́семь f. четы́рнадцать g. пятьдеся́т два h. девяно́сто де́вять i. двена́дцать

2. 15, 32, 7, 11, 24, 17, 48, 163, 91, 212, 159, 36, 75, 160, 217

3. a. Я о́чень люблю́ ... Мы передаём ... Ты не зна́ешь ... Они́ прие́дут ... Она́ непло́хо говори́т ... Вы лю́бите ...
b. Фе́дя сего́дня не идёт ... Пётр и Вади́м лю́бят ... Я, к сожале́нию, не зна́ю ... Вы опа́здываете ... Мы идём ... Ты открыва́ешь ...

Lösungsschlüssel

4. a. Я люблю гулять в парке. b. Я люблю ананас. c. Я люблю чай. d. Я люблю смотреть спорт. e. Она его любит. f. Ты не любишь кофе? g. Он любит опаздывать. h. Вы любите красное вино? i. Дети любят бабушку. j. Я люблю персики. k. Архитектор не любит старое здание. l. Она любит, когда холодная погода. m. К сожалению, мы не любим щи. n. Вы любите новую учительницу? o. Моя тётя любит гулять в городе.

5. a. симпатичные мужья f. старые друзья   k. большие окна
   b. большие города   g. типичные студенты l. свободные места
   c. классические ситуации h. добрые сёстры   m. центральные парки
   d. белые вина   i. хорошие концерты n. трудные книги
   e. красивые девушки   j. круглые площади   o. известные поэты

6. a. сегодня утром в 9 часов   e. вчера в 4 часа
   b. вчера вечером в 20 часов   f. завтра днём
   c. завтра утром в 10 часов   g. ночью в 2 часа
   d. сегодня вечером в 18 часов   h. утром в 8 часов

7. сейчас, вечером, сегодня, утром, днём, звонить, пять парикмахер, холодный, адрес, очень, большой, словарь, гулять спички, окно, погода, можно, коридор, кажется

Lektion 11

1. a. в Америке   d. в Германии   g. в Аанглии
   b. в Ленинграде   e. в Финляндии   h. в Риме / в Италии
   c. в Москве   f. во Франции   i. на Кавказе

2. живи, живите; жди, ждите; не опаздывай, не опаздывайте; делай, делайте; иди, идите; звони, звоните; передавай, передавайте; говори, говорите

3. a. в музее   d. в школе   g. в библиотеке
   b. в университете e. в цирке   h. в Интуристе
   c. в магазине   f. в ресторане   i. в гостинице

4. ждать: a. жду b. ждут c. ждёт d. ждёте
   жить: a. живёте b. живём c. живёшь d. живу e. живёт f. живут
   работать: a. работать b. работаю c. работаешь d. работаем e. работают
   помогать: a. помогают b. помогает c. помогаешь d. помогаете e. помогаю

Lösungsschlüssel

5. a. Мы желаем вам всего хорошего.
   b. Ольга показывает бабушке фотографии.
   c. Нина Александровна звонит в парикмахерскую, где работает сын.
   d. Потом они поедут к нему.
   e. Извините, помогите мне, пожалуйста!
   f. Я не знаю, где Ленинградский вокзал.
   g. Мне кажется, что сегодня будет холодная погода.
   h. Сегодня вечером мы посмотрим по телевизору известный французский фильм.

6. a. Der Führer von Intourist sagt: Jetzt sind wir im Zentrum Moskaus, auf dem Roten Platz. b. Dort sehen Sie die Basilius-Kathedrale, gegenüber das Historische Museum, links den Kreml und das Lenin-Mausoleum und gegenüber das große Kaufhaus GUM. c. Die Touristen fahren weiter. d. Jetzt sind sie schon auf dem Kalinin-Prospekt: Rechts ist das bekannte Geschäft „Melodija", dann das Kinotheater „Oktober". e. Links sind die Lenin-Bibliothek und das Restaurant „Prag". f. Und dort sehen Sie schon das Hotel „Ukraina".

7. a. Я не понимаю, что он говорит. b. Я ничего не понимаю. c. Я плохо вижу. d. Я ничего не вижу. e. Он никогда не помогает. f. Он никогда никому не помогает. g. Это никто не понимает. h. В Ленинграде они никого не знают. i. Мы ещё никогда не были в Москве. j. На вокзале с Мосфильма никого нет. k. К сожалению, нам пора домой. l. Большое спасибо за хороший вечер. Было очень приятно. m. До свидания и всего хорошего. n. Мне трудно говорить по-русски, но я уже неплохо понимаю.

Lektion 12

1. a. Там нет киоска. b. У Максима нет билета. c. У вас нет паспорта. d. У меня нет квартиры. e. У неё нет романа Тургенева. f. В комнате нет телевизора и телефона. g. В музее нет ресторана. h. На улице нет автобуса и трамвая. i. В городе нет парка. h. В фойе театра нет кассы и бара. i. У бабушки нет дома.

2. a. из Парижа, из Франции b. из Торонто, из Канады c. из Вашингтона, из Америки d. из Кембриджа, из Англии e. из Рима, из Италии f. из Турку, из Финляндии

3. a. из школы b. из музея c. из театра d. из Одессы e. из Москвы f. из поликлиники g. из института h. из Хабаровска i. из купе

Lösungsschlüssel

4. три́ста два́дцать оди́н; восемьсо́т со́рок де́вять; пятьсо́т три; три́ста девяно́сто четы́ре; девятьсо́т во́семьдесят два; сто шестьдеся́т шесть; четы́реста восемна́дцать

5. 600; 316; 831, 837; 525; 493; 740

6. a. тре́тий b. пе́рвая c. девя́тый d. второ́й e. четвёртый f. шеста́я g. пя́тое h. деся́тый, оди́ннадцатая

7. – Здра́вствуйте, Ве́ра Константи́новна, я ра́да вас ви́деть.
– До́брое у́тро, Тама́ра Серге́евна, как вы живёте?
– Спаси́во, так себе́. Неда́вно я боле́ла. Ничего́ стра́шного. Но тепе́рь всё в поря́дке. А как ва́ши дела́?
– Спаси́бо, о́чень хорошо́. Я мно́го рабо́таю, но ве́чером гуля́ю в па́рке. Там о́чень прия́тно. Как пожива́ет ва́ша до́чка?
– Спаси́бо, норма́льно. Тепе́рь она́ живёт в Ту́ле. Но она́ ча́сто звони́т домо́й. А что де́лает ваш сын?
– Он музыка́нт и ча́сто быва́ет за грани́цей. У него́ жена́, сын и до́чка. Да, да, я уже́ ба́бушка! Де́ти уже́ хо́дят в шко́лу, но к сожале́нию, они́ ча́сто боле́ют.
– Ну, всего́ хоро́шего и до свида́ния!

Lektion 13

1. 1. хлеб с сы́ром 2. бутербро́д с колбасо́й 3. соси́ски с сала́том 4. моро́женое с анана́сом 5. чай с лимо́ном 6. ко́фе с молоко́м

2. a. с мёдом b. с икро́й c. с водо́й d. со смета́ной e. с ветчино́й, с сы́ром f. с ры́бой g. с лу́ком h. с ма́слом i. с хле́бом

Lösungsschlüssel

3. a. Врач говорит с пациенткой.
b. Мама гуляет с сыном.
c. Родители говорят с учителем.
d. Внук гуляет с бабушкой.
e. Николай обедает с сестрой.
f. Ассистент работает с лаборанткой.
g. Мы с другом идём на концерт.
h. Родители были на юге с дочкой.
i. Гид Интуриста говорит с туристом.
j. В пятницу Аркадий будет говорить с Леной.
k. Максим гуляет в парке с Ларисой.
l. Почему вы не работаете вместе с коллегой?
m. Пассажир говорит со стюадрессой.

4. a. пятый b. шестой c. второй d. первый e. седьмой f. четвёртый

5. a. В четверг мы были в театре. b. Во вторник я буду только работать. c. В субботу у меня будет свободное время. d. Какая программа у тебя будет в воскресенье? e. В среду мы посмотрим (будем смотреть) новый фильм. f. В понедельник мы были в гостях у Андрея. g. В пятницу я работаю только четыре часа. h. Где вы были в среду?

6. a. Хейкки будет жить в гостинице „Украина". b. Там у него будет большой одноместный номер. c. Утром он будет завтракать в гостинице. d. Потом он будет говорить по телефону с семьёй. e. Днём он будет работать, но вечером у него будет время. f. Хейкки будет гулять в центре Москвы и кушать мороженое. g. Он будет ужинать в ресторане на проспекте Калинина. i. Там хорошее кино, где он будет смотреть новые фильмы. i. Потом он будет слушать радио в гостинице.

Lektion 14

1. a. „Пиковая дама" идёт в четверг в двадцать часов.
b. „Война и мир" идёт в субботу в восемнадцать часов.
c. Детский сеанс в среду идёт в одиннадцать часов.
d. Завтра идёт „Руслан и Людмила".
e. Сегодня идёт „Кармен".
f. В воскресенье днём идёт „Иван Сусанин" и вечером „Отелло".
g. В среду идёт „Хованщина".
h. Во вторник в девятнадцать часов идёт балет „Жизель".

Lösungsschlüssel

2. a. хочу́, хоти́те.
   b. открыва́ется, открыва́ется, закрыва́ется, рабо́тает
   c. открыва́ется, закрыва́ется, хоти́м
   d. хо́чет, открыва́ется, рабо́тает
   e. открыва́ем
   f. хоти́м, рабо́тает
   g. помога́ет
   h. открыва́ем, открыва́ть, хоти́те

3. a. нет сы́ра / колбасы́ / молока́ / шампа́нского / кефи́ра / ма́сла / минера́льной воды́
   b. нет холоди́льника / таре́лки / ло́жки
   c. нет га́лстука / туале́тной бума́ги / пижа́мы / руба́шки / биле́та и па́спорта
   d. нет ба́ра / парикма́херской / ли́фта / буфе́та / гара́жа / ба́нка / кио́ска

4. 1. во́семь рубле́й со́рок копе́ек 2. пятьдеся́т рубле́й 3. два рубля́ шестьдеся́т копе́ек 4. рубль пятьдеся́т (копе́ек) 5. три рубля́ со́рок одна́ копе́йка 6. де́вять рубле́й во́семьдесят копе́ек 7. двена́дцать рубле́й 8. рубль пятна́дцать (копе́ек) 9. четы́ре копе́йки 10. два́дцать три копе́йки 11. два́дцать копе́ек 12. со́рок оди́н рубль девяно́сто де́вять копе́ек

5. с телефо́ном / с холоди́льником / с туале́том и ду́шем / с балко́ном / с окно́м на парк / с ра́дио

6. a. Он настоя́щий донжу́н. Он лю́бит донжу́нствовать. b. Он ца́рствует как настоя́щий царь. c. Когда́ вы бу́дете реализова́ть план? d. Библиоте́карь каталогизи́рует но́вые кни́ги. e. На́ша корреспонде́нция активизи́руется. f. Диплома́ты аранжи́руют прессконфере́нцию. g. Ты хорошо́ акклиматизи́руешься в Арха́нгельске.

7. a. кра́сный га́лстук b. зелёный сала́т c. си́нее мо́ре d. бе́лое яйцо́ e. чёрный ры́нок f. жёлтый лимо́н

Lösungsschlüssel

Lektion 15

1. знать, знал, знáла, знáли
   жить, жил, жилá, жи́ли
   расти́, рос, рослá, росли́
   идти́, шёл, шла, шли
   приéхать, приéхал, приéхала, приéхали
   ждать, ждал, ждалá, ждáли
   говори́ть, говори́л, говори́ла, говори́ли
   смотрéть, смотрéл, смотрéла, смотрéли
   люби́ть, люби́л, люби́ла, люби́ли
   ходи́ть, ходи́л, ходи́ла, ходи́ли
   слу́шать, слу́шал, слу́шала, слу́шали
   болéть, болéл, болéла, болéли
   помогáть, помогáл, помогáла, помогáли
   бывáть, бывáл, бывáла, бывáли

2. a. Пáпа дóма и смóтрит телеви́зор. b. У́тром мы зáвтракаем дóма. c. Онá рабóтает вóсемь часóв. d. Николáй éздит на рабóту на мотоци́кле. e. Они́ живу́т в Ми́нске. f. Олéг и Фёдор игрáют в шáхматы. g. Я не знáю, когдá он придёт домóй.

3. a. Лáра шла в магази́н. b. Кóля и Мáша гуля́ли в пáрке. c. Тáня, ты слу́шала му́зыку? d. И́горь говори́л с Ири́ной. e. Елéна всегдá обéдала в ресторáне. f. Мои́ роди́тели ждáли меня́.

4. a. Кáждое у́тро они́ зáвтракают вмéсте.
   b. Кáждое воскресéнье Николáй éздит на рыбáлку.
   c. В Москвé Бори́с рабóтает кáждый день.
   d. А́ня игрáет в тéннис кáждую недéлю.
   e. Кáждую суббóту муж готóвит обéд.
   f. Кáждые два дня прихóдит врач и говори́т с пациéнтом.

5. a. Хéйкки идёт в сту́дию Мосфи́льма с режиссёром.
   b. Николáй éдот на рыбáлку со спи́ннингом.
   c. А́ня идёт в парк с кни́гой.
   d. Хéйкки éдет домóй с матрёшкой.
   e. Бори́с идёт на вы́ставку и говори́т с клиéнтом.
   f. Ю́рий Бори́сович éдет к дóчке с женóй.
   g. Гид идёт в музéй с тури́стом.
   h. Степáн идёт на вокзáл с чемодáном.

Lösungsschlüssel

6. a. 1. Доброе утро... 2. Прекрасно... 3. Ну, нормально... 4. В университет... 5. Мне тоже туда... 6. Конечно...
b. 1. Алло, Галя?... 2. Да, слышу... 3. Галя, я хочу... 4. Ой, спасибо ... 5. Хорошо... 6. Договорились...
c. 1. Здравствуйте... 2. Дома... 3. Но мы ... 4. Извините ... 5. Ну ладно ... 6. Да, слава богу.

7. a. *Bei dieser Übung gibt es häufig verschiedene Möglichkeiten, die Antworten zu formulieren, die natürlich im Lösungsschlüssel nicht alle aufgeführt werden können. Die hier gegebenen Lösungen sind also nicht die einzig möglichen Antworten.*
Они отдыхали в парке. b. Он здесь на выставке демонстрирует спиннинги. c. Он ездит на рыбалку. d. Его интересуют рыбалка и мотоцикл. e. Аня - сестра Николая. Она любит играть в теннис и ездить за город. f. Его увлечение - (тоже) теннис. g. У Ани и Бориса общие интересы. h. Он увидел Хейкки. i. Он сегодня не работает, у него свободный день. j. Он был в киоске и купил подарки. k. Он купил матрёшку, русский сувенир. l. Он работал, был в кино и вчера вечером отдыхал, смотрел телевизор. m. Спасибо, с удовольствием.

Auf Wiedersehen zu den Fernsehfolgen 16-30 und dem Begleitbuch „Russisch, bitte!", Band 2

Я желаю вам счастья, здоровья, успехов и вообще всего хорошего.

Ich wünsche Ihnen Glück, Gesundheit, Erfolg und überhaupt alles Gute.

До свидания!

Auf Wiedersehen!

Ihr
Harald Rempt

Bestellungen: harald.rempt@t-online.de

Harald Rempt, rara-avis-verlag, Hersbruck

Kunst ~ Kultur ~ Bildung

Internet: www.rara-avis-verlag.npage.de
Bestellungen: harald.rempt@t-online.de

Multimediale Begleitlehrbücher zu Fernsehsprachkursen:

NEU: Die **Audio-CD's** zu Spanisch, Italienisch und Russisch.

1. **Lateinischer Fernsehsprachkurs: „PAUK MIT LATEIN"**
   - **Grundkurs I-III**, Sonderband, Für Anfänger und zum Auffrischen 39 Folgen, Brita Linneweh und Josef Veitenhansl, Harald Rempt (Hrsg.)
   - **Aufbaukurs und Übersetzungskurs**, Sonderband (je 13 Folgen)
   - **Arbeitsbogen** mit **13 Übungstexten** 17 Seiten, lose, ungebunden (nur bei Harald Rempt) Die *Lösungen* werden im Buch Übersetzungskurs ausführlich besprochen.
   - **Audio-CD's** ◀ Hör-CD's (nur bei Harald Rempt)

2. **Italienischer Fernsehsprachkurs „Avanti Avanti"**
   Für Anfänger in je 26 Folgen, von Ima Agustoni (Autorin), Harald Rempt (Hrsg.)
   - **Band 1 (Folge 1-13)**
   - **Band 2 (Folge 14-26)**
   - **Audio-CD's** ◀ Hör-CD's zum Hörverstehen

3. **Spanischer Fernsehsprachkurs „Hablamos español"**
   Wir lernen Spanisch, für Anfänger, 39 Folgen, von Maria Rosa Serrano, Hrsg. Harald Rempt
   - **Band 1, (Folge 1-13)**
   - **Band 2, (Folge 14-26)**
   - **Band 3, (Folge 27-39)**
   - **Audio-CD's** ◀ Hör-CD's zum Hörverstehen

4. **Russischer Fernsehsprachkurs Russisch, bitte!**
   30 Lektionen, für Anfänger, in 30 Folgen, von Ulrike Patow, Hrsg. Harald Rempt
   - **Band 1, (Folge 1-13)**
   - **Band 2 (Folge 16-30)**
   - **Audio-CD's** ◀ Hör-CD's zum Hörverstehen

Gespräche Mit-Wirkung

Wie Sie das Wissen der emotionalen und sozialen Gesprächs-Kompetenz nutzen können.

In diesem Buch geht es um lösungs- und zielorientierte Gespräche von der Vor- bis zur Nachbereitung. Im Zentrum steht das, was den Inhalt eines Gespräches „umrahmt". Viele Menschen wollen Gespräche, sei es privat oder beruflich, gut, „wirk"-sam und zieldienlich führen. Rempt, Harald (2007), Format: DIN A5, 200 Seiten, ISBN 978-3-926292-29-2
Anwendungen: Bewerbungen, Besprechungen, Personalgespräche, Mitarbeitergespräche, Zielgespräche, Entwicklungsgespräche, Sitzungen, Meetings, Konferenzen, Moderationsgespräche, Lehrer- und Elterngespräche, Erziehungsgespräche, Einstellungs- und Bewerbungsgespräche, Coaching-Gespräche

Bestellungen einfach per e-mail Harald Rempt:
harald.rempt@t-online.de
Information: www.rara-avis-verlag.npage.de

Lateinischer Fernsehsprachkurs: **„PAUK MIT LATEIN"**

- **Grundkurs I-III**, Sonderband, Für Anfänger und zum Auffrischen 39 Folgen, Brita Linneweh und Josef Veitenhansl, Harald Rempt (Hrsg.)

Grundkurs I-III, ist ein multimediales Begleitlehrbuch zur gleichnamigen Fernsehsprachsendung, die in BR-ALPHA gesendet wird. Der Fernsehsprachkurs zum Erlernen der lateinischen Sprache oder zu Auffrischen der vorhanden Sprachkenntnisse ist für Anfänger bestens geeignet. Es ist jedoch auch möglich nur mit dem Begleitbuch, ohne Sendung, zu lernen. In diesem Sonderband, Grundkurs I-III sind die drei Bücher in 39 Folgen zusammengefasst. Im Vordergrund steht die Formenlehre. In jeder Lektion wird durch eine kleine Geschichte etwas aus dem Leben der römischen Antike vermittelt, von einer Zeit, als LATEIN noch die am weitesten verbreitete Sprache EUROPAS war. Neu ist, dass das Buch nun illustriert wurde.

- **Aufbaukurs und Übersetzungskurs**, Sonderband (je 13 Folgen) ca. 132 Seiten. PAUK MIT! LATEIN, Aufbaukurs und Übersetzungskurs, ist ein multimediales Begleitlehrbuch zur gleichnamigen Fernsehsprachsendung, die in BR-ALPHA gesendet wird. In diesem Sonderband sind die zwei Bücher zusammengefasst.

Der **Aufbaukurs** mit 13 Folgen baut auf dem Grundkurs auf und hat im Gegensatz zur Formlehre des Grundkurses I-III auf und hat den Schwerpunkt der Satzlehre und der Syntax. Die lateinischen Texte dieses Kurses sind kurzgefasste Darstellungen aus der antiken Mythologie. Bis in die heutige Zeit geben diese Erzählungen Literatur, Musik, bildende Kunst und Reden Anregungen, da sie metaphorisch und in gleichnishafter Form die menschlichen Grundsituationen beschreiben.

Der **Übersetzungskurs** behandelt 13 kurze Texte von Caesar, Livius, Sallust, Tacitus und Seneca. Ziel des Kurses ist eine bestimmte Methodik des Übersetzens einzuüben und das analytische Erfassen der Grammatik. Dabei wird der Text in kleinste grammatikalische Einheiten aufgeschlüsselt, so dass das lateinische Satzgefüge erkennbar wird. Nach jeder Folge wird die gesamte Übersetzung des Textes zusammenfassend in geglättetem deutschen Stil gegeben. Das Medium des Bayerischen Fernsehens, BR-ALPHA gibt die Möglichkeit der visuellen Hilfe bei der grammatikalische Analyse der lateinischen Texte.

Notizen

Notizen